CUIDANDO SU HOGAR

*La Guía Chapman para
Mejorar las Relaciones con su Cónyuge*

GARY D. CHAPMAN, PH.D.

TYNDALE HOUSE PUBLISHERS, INC.
Carol Stream, Illinois

Visite la apasionante página de Tyndale en Internet: www.tyndale.com

TYNDALE y la pluma del logotipo de Tyndale son marcas registradas de Tyndale House Publishers, Inc.

Cuidando Su Hogar: La Guía Chapman para Mejorar las Relaciones con Su Cónyuge

© 2007 Gary D. Chapman. Todos los derechos reservados.

© Fotografía de la cubierta: toallas y colgedor de toallas por Lanica Klein. Todos los derechos reservados.

© Fotografía del autor por Boyce Shore & Associates. Todos los derechos reservados.

Diseño por Ron Kaufmann

Traducción al español: Adriana Powell y Omar Cabral

Edición del español: Mafalda E. Novella

Versículos bíblicos sin otra indicación han sido tomados de la *Santa Biblia, Nueva Versión Internacional*®. NVI®. © 1999 por la Sociedad Bíblica Internacional. Usado con permiso de Zondervan. Todos los derechos reservados.

Publicado anteriormente en el 2006 como *Home Improvements: The Chapman Guide to Negotiating Change With Your Spouse* por Tyndale House Publishers, Inc. ISBN-10: 1-4143-0015-8 ; ISBN-13: 978-1-4143-0015-3 .

Library of Congress Cataloguing-in-Publication Data

Chapman, Gary D., date.
   [Home improvements. Spanish]
   Cuidando su hogar : la guía Chapman para mejorar las relaciones con su cónyuge / Gary D. Chapman.
     p. cm.
   Includes bibliographical references.
   ISBN-13: 978-1-4143-1587-4 (hc)
   ISBN-10: 1-4143-1587-2 (hc)
   1. Marriage—Religious aspects—Christianity. 2. Marital conflict—Religious aspects—Christianity. 3. Interpersonal—Religious aspects—Christianity. I. Title.
   BV835.C457718 2007
   646.7'8—dc22   2007000220

Impreso en los Estados Unidos de América

12 11 10 09 08 07
 6   5   4   3   2   1

Índice

Introducción

Después de treinta años como consejero matrimonial, he llegado a una conclusión: que a todas las personas casadas les gustaría que su cónyuge cambiara. A veces estos deseos no se expresan, pero se hacen más definidos y más profundos cuando soñamos despiertos. El esposo imagina que su mujer ha cambiado de la manera que él deseaba y se deleita en esta nueva creación. La esposa sueña con un marido que saque la basura sin que ella tenga que pedírselo. Estas visiones de la pareja perfecta alimentadas en silencio se transforman en barreras para la intimidad en el mundo real.

En el otro extremo, hay maridos o esposas que hacen sus pedidos de cambios abiertamente, por lo general durante el calor de la disputa. El lenguaje fuerte y el comportamiento brutal revelan la intensidad de sus deseos de cambio. Una esposa relató que su marido la había empujado contra la pared y cuando ella se quejó, él dijo: "Cuando empieces a actuar como una esposa, yo te trataré como tal.

Hasta entonces, tendrás lo que te mereces". Detrás de las palabras "que empieces a actuar como una esposa" no había dudas sobre las expectativas puntuales que él tenía y que requerían un cambio en el comportamiento de ella. Una esposa que grita: "Estoy harta de ir recogiendo cosas detrás de ti; es hora de que madures," está manifestando sus expectativas de cambios.

Entre los deseos silenciosos y las demandas descontroladas, miles de personas viven con expectativas insatisfechas. La vida sería diferente si su marido o su esposa cambiaran. A veces, intentan expresar sus deseos; otras, simplemente se frustran y se dan por vencidos.

¿Cuál es el problema? ¿Por qué este deseo del cambio conyugal es tan universal y el cambio tan poco frecuente? Creo que la respuesta radica en tres factores:

- Comenzamos por el lugar equivocado.

- No llegamos a comprender el poder del amor.

🌶 Carecemos de la habilidad para comunicar
con eficacia el deseo de que nuestro
cónyuge cambie.

Este libro responderá a la pregunta: "¿Cómo
logro que mi cónyuge cambie sin manipularlo(a)?"
En las próximas páginas te mostraré el lugar correcto por dónde comenzar, cómo valerse del poder
del amor y cómo desarrollar las habilidades para
solicitar cambios.

Este libro es conciso y puntual porque sé que
estás ocupado. No es un libro complicado, pero
sí es poderoso. Creo que lo que estás por leer te
brindará la posibilidad de provocar en tu cónyuge
los cambios que deseas. No será fácil aplicar los
principios que te enseñaré, pero si lo haces, darán
muchos frutos. En mis años de consejería jamás
conocí a alguien que, al aplicar estos principios, no
viera un cambio importante en el comportamiento
de su cónyuge.

El libro está dividido en tres secciones, cada
una de las cuales aborda las cuestiones menciona-
das anteriormente. Te hablaré como si estuvieras

sentado en mi consultorio de consejería y compartiré contigo lo que he compartido con cientos de parejas durante los últimos treinta años. Si estás dispuesto, también lo estoy yo. Comencemos.

1

Comenzando en el lugar correcto

*S*in excepción, las personas que quieren que su cónyuge cambie, comienzan por el lugar equivocado. Un hombre joven llamado Roberto era ese tipo de persona. Vino solo a mi oficina y me dijo que su esposa, Estela, no había querido acompañarlo.

—¿En qué consiste el problema? —le pregunté.

—La verdad es que mi esposa es muy desorganizada. Se pasa la mitad de la vida buscando las llaves del auto. Nunca sabe dónde encontrar nada porque no recuerda dónde lo puso. No estoy hablando de Alzheimer, apenas tiene treinta y cinco años. Quiero decir, es completamente desordenada. He tratado de ayudarla. Le hice algunas sugerencias, pero ella no escucha nada de lo que yo digo. Dice que estoy controlándola. No quiero controlarla. Lo único que deseo es ayudarla para que su vida sea más fácil. Si fuera más organizada, también mi vida sería más fácil. Pierdo un montón de tiempo ayudándola a buscar las cosas que no encuentra.

Apunté algunas notas mientras Roberto hablaba y cuando terminó le pregunté: —¿Hay otras áreas conflictivas?

—El dinero. Tengo un buen trabajo. Gano suficiente dinero como para que vivamos holgadamente, pero no lo logramos por la manera en que ella lo gasta. Quiero decir: no hace el intento de economizar en nada; paga cualquier precio. Por ejemplo, con su ropa: si la comprara fuera de temporada, la pagaría a mitad de precio. Hemos pedido asesoría financiera, pero ella no hace caso de los consejos que nos dieron. En este momento debemos cinco mil pesos con la tarjeta de crédito y aun así, Estela no para de gastar.

Yo asentía con la cabeza mientras lo escuchaba.

—¿Existen otras áreas conflictivas, Roberto?

—Bueno, sí. A Estela no le interesa el sexo. Creo que ella podría vivir sin él. Si yo no tomara la iniciativa, nunca tendríamos relaciones sexuales. Y aun cuando lo hago, a menudo me rechaza. Yo pensaba que el sexo era una parte importante del matrimonio, pero aparentemente ella no lo siente de esa manera.

Mientras la sesión continuaba, Roberto compartió un poco más de sus frustraciones por el comportamiento de su esposa. Dijo que había hecho todos los esfuerzos para que ella cambiara, pero que veía pocos, mínimos resultados. Estaba frustrado hasta el punto de la desesperanza. Acudió a mí porque había leído mis libros y pensaba que si yo llamaba a su esposa, ella podría hablar conmigo y quizás, yo podría lograr que ella cambiara. Sin embargo, yo sabía por mi experiencia que si Estela venía a mi consultorio, presentaría una historia diferente a la de Roberto. Me hablaría de sus problemas con él. Probablemente diría que en lugar de ser comprensivo, Roberto era exigente y severo con ella. Diría:

"Si Roberto me tratara con algo de amabilidad y fuera un poco romántico, yo me interesaría por tener sexo." Diría: "Desearía escuchar un cumplido de su parte por alguna compra que hice, en lugar de condenarme siempre por gastar tanto dinero." En resumen, su punto de vista sería: "Si Roberto cambiara, yo cambiaría."

¿Hay esperanza para Roberto y Estela? ¿Pueden lograr los cambios que desean en el otro? Creo que la respuesta es afirmativa, pero primero deben cambiar radicalmente su enfoque. Están comenzando en el lugar equivocado.

ANTIGUA SABIDURÍA

En mi práctica como orientador matrimonial, he descubierto que la mayoría de los principios para las relaciones que realmente funcionan no son nuevos. Muchos se encuentran en la literatura antigua, aunque por lo general se los ha pasado por alto durante años. Por ejemplo, el principio de comenzar en el lugar correcto se encuentra en una lección que enseñó Jesús, comúnmente conocida como el Sermón del Monte. Haré una paráfrasis de la cita para aplicar el principio a la relación matrimonial:

"Esposo, ¿por qué miras la paja en el ojo de tu mujer y no prestas atención a la viga en tu propio ojo? O, esposa, ¿cómo puedes decirle a tu esposo: 'Deja que te saque la paja de tu ojo', cuando hay una viga en tu propio ojo? Hipócrita, primero sácate la viga de tu ojo y así verás claramente para quitar la paja del ojo de tu cónyuge."[1]

El principio es claro: lo primero que tienes que hacer es quitar la viga de tu propio ojo. Observa cuidadosamente que Jesús no dijo: "No hay nada malo en tu compañero. Déjalo en paz." Él reconoció que hay algo malo en tu pareja, porque dijo: "Una vez que saques la viga de tu propio ojo, entonces podrás ver con más claridad la paja en el ojo de tu cónyuge."

Todos necesitamos cambiar. No hay cónyuges perfectos, aunque una vez oí acerca de un pastor que preguntó: "¿Alguien conoce a un marido perfecto?" Un hombre al fondo de la iglesia rápidamente levantó la mano y dijo: "El primer marido de mi esposa." Mi conclusión es que si hubo esposos perfectos, están todos muertos. Jamás conocí a un esposo vivo que no necesitara cambiar. Ni he conocido a una esposa perfecta.

La razón más común por la cual las personas no logran los cambios que desean en su pareja, es que comienzan por el lugar equivocado. Se concentran en las fallas de su cónyuge antes de prestarle atención a sus propios defectos. Ven esa pequeña paja en el ojo de su cónyuge y comienzan a perseguirlo arrojándole sugerencias. Cuando eso no funciona, directamente piden un cambio. Cuando el pedido encuentra resistencia, levantan la temperatura, exigiéndole al cónyuge que cambie, o "ya verá". A partir de ahí, avanzan hacia la intimidación o la manipulación. Aunque tengan éxito en lograr algún cambio, este se produce con un profundo resentimiento de parte del otro. No es la clase de cambio que la mayoría de las personas desean. Por lo tanto, si quieres que tu pareja cambie, tienes que comenzar por corregir tus propias fallas.

SACA LA VIGA DE TU OJO

No fuimos entrenados para corregir primero nuestras propias fallas. Somos más propensos a decir: "Si mi cónyuge no fuera así, yo no sería de esta manera." "Si mi cónyuge no hiciera aquello, yo no haría esto." "Si mi cónyuge cambiara, yo tam-

bién cambiaría." Muchos matrimonios se han establecido con ese enfoque. Una esposa dijo: "Si mi esposo me tratara con respeto, yo podría ser cariñosa; pero cuando él actúa como si yo fuera su esclava, me dan ganas de huir, rogando que no me encuentre." Para ser honesto, entiendo cómo se siente esta mujer; sin embargo, "esperar que mi cónyuge cambie" ha llevado a miles de parejas a un estado emocional de desesperanza, que a menudo termina en el divorcio cuando uno o ambos cónyuges llegan a la conclusión: "Él (o ella) nunca cambiará; así que me voy."

Para ser sinceros con nosotros mismos, tenemos que admitir que el esperar y desear no ha funcionado. Hemos visto pocos cambios, a no ser como resultado de la manipulación: una presión externa (emocional o física) realizada con el propósito de incomodar de tal manera al cónyuge como para que se sienta obligado a cambiar. Desgraciadamente, la manipulación origina resentimiento y el matrimonio, después del cambio, termina peor de lo que era antes. Si esta ha sido tu experiencia, como lo fue en los primeros años de mi matrimonio, espero que estés abierto a una propuesta diferente: una que funciona sin provocar resentimientos.

Aprender a corregir primero tus propias fallas no será fácil. Si yo te diera una hoja de papel, como a menudo hago con quienes vienen a pedirme consejo y te pidiera que te tomaras quince minutos para hacer una lista de las cosas que te gustaría ver cambiadas en tu pareja, lo más probable es que harías una lista muy larga. Sin embargo, si te doy otra hoja y te pido que te tomes quince minutos para confeccionar una lista de tus propias fallas, cosas que sabes que necesitas cambiar en la manera de tratar a tu cónyuge, sospecho que tu inventario sería muy breve.

La lista del marido típico tendrá veintisiete cosas malas de su esposa y apenas cuatro de él. El inventario de las esposas no sería muy diferente. Una mujer regresó con un detalle de diecisiete cosas que quería que su esposo cambiara, pero la página de sus propios defectos estaba en blanco. Me dijo:

—Sé que usted no lo va a creer, pero sinceramente no puedo pensar en una sola cosa que yo esté haciendo mal.

Tengo que confesar que me quedé mudo. Nunca antes había conocido a una mujer perfecta. Pensé en llamar a mi secretaria para que trajera la cámara: "Saquémosle una fotografía a esta señora."

Después de un silencio de casi treinta segundos, dijo: —Bueno, yo sé lo que *él* diría.

—¿Qué diría? —le pregunté.

—Diría que estoy fallando en el área sexual, pero es lo único que se me ocurre.

No lo dije, pero de inmediato pasó un pensamiento por mi mente: *Eso es lo suficientemente grave, incluso si es lo único que se le ocurre a usted.*

No es fácil sacarse la viga del propio ojo, pero permíteme que te dé tres pasos que te ayudarán a hacerlo:

PASO 1: PIDE AYUDA EXTERNA

La mayoría de las personas no serán capaces de identificar sus defectos sin cierta ayuda externa. Estamos tan acostumbrados a nuestra manera de pensar y de actuar, que no nos damos cuenta cuando lo hacemos en formas disfuncionales y negativas. Déjame sugerir algunas fuentes de ayuda para identificar la viga en tu propio ojo:

HABLA CON DIOS

Para algunas personas esto puede ser incómodo, pero te sugiero que pidas el consejo de Dios si quieres desarrollar una percepción más acertada. Tu oración podría ser así: "Dios, ¿en qué me equivoco? ¿Dónde estoy fallándole a mi pareja? ¿Qué cosas no debería estar haciendo y diciendo? ¿Cuáles debería hacer o decir? Por favor, muéstrame mis fallas." Esta simple oración (o una similar), ha sido pronunciada y respondida durante miles de años. Analiza detenidamente esta oración del salmo hebreo, escrito unos mil años antes de Cristo por David, el segundo rey de Israel: "Examíname, oh Dios, y sondea mi corazón; ponme a prueba y sondea mis pensamientos. Fíjate si voy por el mal camino, y guíame por el camino eterno."[2] Podemos tener la certeza de que cuando hagamos una oración como ésta, Dios contestará.

Si estás preparado, tómate quince minutos para pedirle a Dios que te muestre tus fallas en el matrimonio y luego anota todo lo que traiga a tu mente. Tal vez no sean faltas morales graves, sino que pueden ser palabras y hechos que no han sido afectuosos y amables. Escribe todas aquellas cosas que consideres han sido nocivas para tu matrimonio.

Las siguientes son las listas que compiló una pareja luego de hacer esta oración (sugiero que completes tu lista antes de leerlas).

Esposo

Miro demasiada televisión.

Tengo que ayudar más con las cosas de la casa.

No uso mi tiempo con sensatez.

No la escucho como debería hacerlo.

A veces no actúo amablemente con ella.

No converso las cosas con ella.

No presto atención a sus ideas.

Pasamos poco tiempo juntos.

Hice que tuviera miedo de expresar sus opiniones.

No oramos juntos como deberíamos.

Esposa

No le doy ánimo.

Le doy más importancia a mi persona y a mis necesidades que a las de él.

A veces lo menosprecio.

No soy lo suficientemente cariñosa.

Pretendo que él haga las cosas de la manera en que yo las haría.

A veces soy grosera y dura en mi forma de hablar.

Paso demasiado tiempo en la computadora.

No soy sensible al lenguaje amoroso de mi marido.

No me gusta admitir cuando me equivoco.

No paso suficiente tiempo con Dios.

Dedico más tiempo y energía a nuestro hijo que a nuestro matrimonio.

No olvido los errores del pasado y los utilizo en las discusiones. Debería dejar de mirar sus errores y mirar más los míos.

Habla con tus amigos

Además de hablar con Dios, te sugiero que converses con una pareja de amigos que te conozca bien y que haya observado tu matrimonio. Diles que estás tratando de mejorar tu relación y que quieres que sean completamente sinceros contigo. Cuéntales que estás concentrándote en las áreas que necesitas mejorar en tu propia vida. Pídeles que te den información sincera sobre lo que hayan observado en ti, particularmente la forma en que le respondes a tu cónyuge. Diles que seguirán siendo amigos aun después de que te hayan dicho la verdad; de hecho, es porque son amigos que sabes que puedes confiar en que ellos serán sinceros contigo. No discutas con tus amigos; solamente escribe lo que te digan.

Una mujer le dijo a su amiga que había pedido su consejo: "¿Realmente quieres que sea sincera contigo?" Al responder que sí, la amiga le dijo: "Criticas a tu marido delante de otras personas. A veces me siento apenada por él. Sé qué es vergonzoso para él." Puede ser difícil escuchar la verdad (en algunos casos, será *muy* difícil), pero si no lo haces nunca darás los pasos necesarios para cambiar ni lograrás tu objetivo de un matrimonio mejor.

Un amigo le dijo al marido que había solicitado sus comentarios: "Lo que observo es que con frecuencia tratas de controlar a tu esposa. Recuerdo que la semana pasada ella estaba en la entrada de la iglesia hablando con otra mujer y tú te acercaste y le dijiste: 'Tenemos que irnos'. Actúas como si fueras el padre, diciéndole lo que ella tiene que hacer." Los amigos a menudo te harán observaciones que nunca hubieras imaginado.

HABLA CON TUS PADRES Y TUS SUEGROS

Si de verdad eres valiente y si tus padres y tus suegros han tenido la oportunidad de observarte a ti y a tu matrimonio, quizás puedas hacerles las mismas preguntas que a tus amigos. Comienza la charla diciéndoles que estás tratando de mejorar tu matrimonio y que quieres concentrarte en las cosas que *tú* necesitas cambiar. Nuevamente, por favor no discutas sus comentarios. Limítate a escribirlos y a expresar agradecimiento por su sinceridad.

Habla con tu cónyuge

Ahora, si quieres avanzar en serio, pídele a tu pareja la misma información. Puedes decir: "Cariño, de verdad quiero que nuestro matrimonio sea mejor. Sé que no soy un esposo perfecto, pero quiero mejorar en las áreas que sean más importantes para ti. Por eso quiero que hagas una lista de las cosas que hice o dejé de hacer y que te hayan herido. O tal vez sean cosas que dije o callé. Quiero ocuparme de mis errores y tratar de hacer mejor las cosas en el futuro." No discutas la lista de tu cónyuge ni rechaces los comentarios que te haga. Simplemente recíbelos como información y agradece a tu cónyuge por ayudarte a que te conviertas en una persona mejor.

PASO 2: REFLEXIONA SOBRE LA INFORMACIÓN QUE TE HAN DADO

Cuando hayas reunido todas las listas, lo que tendrás en tus manos será información valiosa sobre ti mismo y la forma en que te relacionas con tu cónyuge, desde la perspectiva de Dios y de las personas más cercanas a ti. Ahora es el momento en el que deberás procesar esta información. No trates de defenderte de los comentarios racionalizando. Es el momento de aceptar que hay algo de verdad en todos estos comentarios. A partir de las listas que has recibido, haz tu inventario de las cosas que reconoces que están mal en la forma que tratas a tu cónyuge.

Te sugiero que cada frase la transformes en algo personal, comenzando con la palabra *Yo*, de manera que estés presentando con franqueza la consciencia que tienes sobre los defectos de tu conducta. Por ejemplo: "Yo reconozco que con frecuencia pierdo los estribos y le digo cosas hirientes a mi cónyuge." Iniciar tus frases con *Yo* te ayudará a hacerlas más personales. Incluye frases con las cosas que deberías estar haciendo y también con las que no deberías hacer. Por ejemplo, además de la oración anterior acerca de perder los estribos y decir cosas hirientes a tu pareja, también podrías decir: "Yo no le digo a mi cónyuge palabras lo suficientemente positivas y alentadoras."

En este tiempo de reflexión, sé tan sincero contigo mismo como te sea posible. Quizás hasta puedas pedirle a Dios que te ayude a evaluar con franqueza tus errores. El intento de justificarte a ti mismo o de justificar tu conducta, basado en la conducta de tu cónyuge, es un intento en vano de racionalizar las cosas. No lo hagas. Jamás sacarás la viga de tu propio ojo mientras justifiques tus errores.

PASO 3: CONFIESA

Conocemos largamente el poder emocional y espiritual de la confesión. Confesar las cosas que hemos hecho mal nos libera de la esclavitud de los fracasos del pasado y nos abre a la posibilidad de un cambio de comportamiento en el futuro. Sugiero que comiences por confesarle tus errores a Dios. Aquí está la confesión del rey David, escrita luego de que Dios le mostrara sus errores. Tal vez no expreses tu propia confesión de una manera tan poética como la de David, pero quizás encuentres que sus palabras te pueden ayudar a expresar las tuyas.

TEN COMPASIÓN DE MÍ, OH DIOS, CONFORME A TU GRAN AMOR.

CONFORME A TU INMENSA BONDAD, BORRA MIS TRANSGRESIONES.

Lávame de toda mi maldad y límpiame de
mi pecado.

Yo reconozco mis transgresiones;
siempre tengo presente mi pecado.

Contra ti he pecado, sólo contra ti,
y he hecho lo que es malo ante tus
ojos; por eso, tu sentencia es justa,
y tu juicio, irreprochable.

Yo sé que soy malo de nacimiento;
pecador me concibió mi madre.

Yo sé que tú amas la verdad en lo íntimo;
en lo secreto me has enseñado
sabiduría.

Purifícame con hisopo, y quedaré limpio;
lávame, y quedaré más blanco que la
nieve.

Anúnciame gozo y alegría; infunde gozo
en estos huesos que has quebrantado.

Aparta tu rostro de mis pecados y borra
toda mi maldad.

CREA EN MÍ, OH DIOS, UN CORAZÓN LIMPIO,
  Y RENUEVA LA FIRMEZA DE MI ESPÍRITU.

NO ME ALEJES DE TU PRESENCIA NI ME QUITES
  TU SANTO ESPÍRITU.

DEVUÉLVEME LA ALEGRÍA DE TU SALVACIÓN;
  QUE UN ESPÍRITU OBEDIENTE ME
  SOSTENGA.

(SALMO 51:1-12, NVI)

La palabra *confesión* significa, literalmente, "coincidir con". Cuando nos confesamos con Dios, significa que estamos de acuerdo con él en que lo que hicimos o dejamos de hacer es incorrecto. La confesión es lo contrario de la racionalización. La confesión no intenta minimizar nuestra maldad sino que admite abiertamente que nuestro comportamiento no tiene excusa.

El Dios revelado en la Biblia es un Dios que está siempre dispuesto a perdonar a aquellos que reconocen sus pecados. Aquí hay una cita breve: "Si confesamos nuestros pecados, Dios, que es fiel y justo, nos perdonará y nos limpiará de toda maldad."[3]

El Nuevo Testamento nos dice que la razón por la que Dios puede perdonar nuestra maldad y aún así ser un Dios de justicia, es porque Cristo pagó el castigo por nuestros pecados. La pena máxima para nuestra maldad es la muerte. Dios está dispuesto a perdonarnos porque Cristo asumió esa condena en lugar de nosotros. El castigo ya fue pagado por Cristo. Ese es el mensaje central de la fe cristiana.

De todas maneras, la confesión de nuestra maldad tiene que ser más amplia que el simple hecho de reconocer nuestras faltas ante Dios. También debes confesárselo a la persona a la que le has fallado. En el matrimonio, es tu cónyuge. Habiendo hecho tu confesión a Dios, ahora deberás tener el valor de hacerlo a tu cónyuge. Tu confesión puede ser así: "He estado pensando acerca de nosotros y me doy cuenta de que te he fallado de muchas maneras. El otro día me senté e hice una lista de las cosas que me doy cuenta que están mal. Le pedí a Dios que me perdone por cada una de esas cosas y, si me concedes algunos minutos, me gustaría compartir la lista contigo y pedirte que me perdones. Quiero que el futuro sea distinto de verdad y creo que es aquí por donde tengo que comenzar."

La mayoría de los cónyuges estarán dispuestos a perdonar cuando escuchan una confesión sincera. Si hubo una concreta violación a tus votos matrimoniales, puede llevar un tiempo para que la confianza sea restaurada. Pero el proceso comienza con un acto de confesión genuina.[4]

Si acudiste a tus padres o a tus suegros para pedirles su opinión acerca de tus fallas matrimoniales, quizás también quieras reconocerlas y pedirles perdón. Tales confesiones ayudarán mucho a reconstruir la confianza, el respeto y una relación positiva con ellos. Aunque no les hayas pedido su opinión, pero sabes que ellos tienen conocimiento de tus fracasos matrimoniales, te aliento a que se lo confieses a tus padres y a tus suegros.

PREGUNTAS COMUNES ACERCA DE CÓMO COMENZAR EN EL LUGAR CORRECTO

Después de haber leído estas ideas sobre '*comenzar en el lugar correcto*', tal vez tengas algunas preguntas dando vueltas en tu cabeza. Cuando presento este concepto en mis seminarios matrimoniales, hay preguntas que se repiten. Por ejemplo, una mujer preguntó: —Entiendo lo que está diciendo. Sé que tengo que sacar la viga de mi ojo, pero no creo que usted entienda completamente mi situación. ¿Qué pasa cuando el cónyuge *es* realmente el problema?

Pensé un momento y le respondí: —Asumamos que su esposo es el 95 por ciento del problema. Eso le dejaría a usted el 5 por ciento. Pues aun si el problema es mayormente de su esposo, usted no diría que es perfecta, ¿verdad?

—No, claro —dijo ella—. Nadie es perfecto.

—Bueno, si no somos perfectos, entonces somos imperfectos, ¿verdad?

—Es verdad.

—Entonces, pensemos que su esposo es un 95 por ciento imperfecto y que usted es apenas un 5 por ciento imperfecta. Lo que estoy sugiriendo es que si *usted* quiere mejorar su matrimonio y si *usted* quiere ver cambios en su esposo, el lugar por donde tiene que comenzar es por *su* 5 por ciento. Su matrimonio será inmediatamente un 5 por ciento mejor y usted quedará eximida de la culpa de los errores pasados y emocionalmente liberada para influenciar positivamente a su marido.

No estoy seguro de que ella haya quedado totalmente satisfecha con mi respuesta, pero asintió con la cabeza y dijo: —De acuerdo, eso tiene sentido.

Eduardo, un marido de mediana edad, me hizo otra pregunta: —Si yo confieso mis faltas a Dios y a mi esposa, ¿piensas que ella vendrá dentro de unos días y me confesará las de ella?

Desearía haber podido responder afirmativamente y con certeza; pero, con toda sinceridad, tuve que decirle: —No lo sé. Pero sería lindo, ¿no?

Eduardo asintió, mientras hacía esfuerzos por no llorar.

—Ni siquiera estoy seguro de que tu esposa te perdone —continué—. Me gustaría poder garantizarlo, pero la verdad es que no podemos predecir el comportamiento humano. Ella puede estar tan herida y enojada como para ser incapaz de perdonarte en este momento. Debes ser paciente con ella y darle tiempo para procesar tu confesión.

Lo que sí pude garantizarle y puedo garantizarte a ti, es que cuando confiesas tus faltas, habrás eliminado el primer obstáculo para el crecimiento matrimonial. La confesión crea un clima que fomenta el cambio positivo. No puedes borrar tus fracasos pasados, pero puedes estar de acuerdo en que lo que hiciste o dejaste de hacer, estuvo mal; y con toda sinceridad, puedes pedir perdón. Haciéndolo de esa manera, estás comenzando en el lugar correcto.

—Pero si ella no me perdona —insistió Eduardo—,¿cómo puede haber esperanza de cambio?

Le recordé que la confesión de las faltas personales es el primer paso al buscar el cambio. La respuesta inmediata del cónyuge tal vez no sea la definitiva. Una mujer que al principio le dijo a su esposo: "No sé si alguna vez pueda perdonarte; han ocurrido demasiadas cosas, y el dolor es muy profundo", tres meses después le dijo: "No sabía que alguna vez sería capaz de perdonarte, pero hoy quiero que sepas que el pasado es el pasado. No lo recordaré en tu contra."

Lo que suceda después de la confesión, tendrá su efecto, ya sea que tu cónyuge elija perdonarte o no; pero analizaremos lo que ocurre después cuando lleguemos al capítulo 2.

El proceso descrito en este primer capítulo, obviamente, llevará un tiempo. Dudo que la fase de la confesión pueda ser completada en menos de un mes. Sin embargo, me gustaría que leas el resto del libro ahora, porque quiero que veas hacia dónde nos dirigimos. Puedo asegurarte que, finalmente, te daré la clave para lograr que tu cónyuge cambie, sin que lo manipules.

Una vez que confesaste, has dado el primer paso en crear una atmósfera para pedirle un cambio a tu cónyuge. Fui honesto contigo desde el principio cuando te dije que el camino al cambio no es fácil. Soy consciente de que confesarle tus fallas a Dios y a tu cónyuge es un logro muy importante. Hay pocas cosas más importantes que la confesión para mantener la salud tanto emocional como matrimonial. Cuando confiesas tus faltas, es como si vaciaras tu conciencia y la limpiaras de toda la culpa que las acompaña. Vivir con la conciencia limpia te mantendrá alerta en tus pensamientos y en tus relaciones y te liberará de la esclavitud de los fracasos del pasado. Luego que hayas confesado, te sentirás mejor contigo mismo y tu cónyuge comenzará a mirarte con mayor respeto y dignidad porque has sido lo suficientemente fuerte como para reconocer tus faltas.

Después de la confesión, es probable que te sientas emocionalmente eufórico, porque te has quitado una carga y porque estás siendo franco con tu cónyuge. Hay algo estimulante en el hecho de ser sincero y reconocer nuestros errores. No obstante, por favor no llegues a la conclusión de que ahora puedes pedir un cambio y esperar que tu cónyuge lo cumpla. Hay otro ingrediente fundamental que tiene que agregarse antes de que estés listo para dar ese paso. Tiene que ver con el poder del amor emocional. Sigue leyendo.

TOMANDO MEDIDAS

1. En el pasado, ¿Cómo abordabas tus fallas en el matrimonio?

____ echándole la culpa a mi cónyuge

____ negándolas

____ admitiéndolas, pero rehusándome a cambiarlas

____ deciendo: "Cambiaré cuando tú cambies."

____ confesando completamente mis faltas y pidiendo perdón

____ otras

2. Si estás dispuesto, dile a Dios: "Sé que no soy perfecto. ¿En qué estoy fallando en el matrimonio?" Haz una lista de todo lo que venga a tu mente.

3. Si estás dispuesto a buscar ayuda externa, anota

la fecha en que pedirás esa información a las siguientes personas:

___ de _____ : Dios

___ de _____ : amigos íntimos

___ de _____ : padres

___ de _____ : suegros

___ de _____ : cónyuge

4. Reconocer tus faltas y pedir perdón puede ser difícil, especialmente si crees que tu cónyuge es el 95 por ciento del problema. Pero, ¿Estarías dispuesto a *comenzar en el lugar correcto* y ver qué ocurre? Si la respuesta es afirmativa, anota la fecha en que hiciste tu lista _____ de _____ y le confesaste tus faltas en voz alta a tu cónyuge _____ de _____.

2

$\mathcal{E}$s muy probable que el deseo de ver un cambio en tu cónyuge esté relacionado con satisfacer alguna necesidad en tu propia vida. En todas las culturas, los seres humanos son egocéntricos por naturaleza. Pensamos que el mundo gira alrededor de nosotros. Satisfacer las necesidades propias es la motivación de buena parte de nuestro comportamiento. Roberto quería que Estela fuera más organizada para que no pasara tanto tiempo buscando las cosas, pero también admitió que parte de su motivación era porque no quería emplear su tiempo ayudándola. Él quería que ella estuviera más interesada en el sexo porque sus propias necesidades no estaban siendo satisfechas. Quería que gastara menos dinero para sentir que él era un buen proveedor y que podían vivir con sus recursos. Por otro lado, Estela deseaba escuchar de parte de Roberto palabras de aprobación para elevar su autoestima. Las palabras condenatorias de su esposo mutilaban profundamente su propia valoración.

Preocuparnos por nuestro bienestar es natural y saludable. Si no nos alimentáramos y procuráramos un buen descanso y ejercicio físico, no podríamos vivir. Somos responsables de satisfacer nuestras necesidades físicas y emocionales. A la vez, fuimos creados para relacionarnos. Aquellos que viven en soledad, jamás alcanzarán su potencial pleno en la sociedad. Las relaciones nos exigen salir de nosotros mismos. Si la satisfacción de nuestras propias necesidades se vuelve el objetivo central de nuestras vidas, nunca tendremos buenas relaciones.

Las relaciones exitosas requieren que nos interesemos por el bienestar de otra persona. Se trata de tomar nuestro deseo natural de satisfacer las necesidades propias, dirigirlo hacia alguien y usar la misma cantidad de energía para satisfacer las necesidades del otro. La palabra para describir esta actitud centrada en el otro se llama *amor*. En este sentido, es verdad lo que dice la canción: "El amor hace girar al mundo".[1] Sin amor, la sociedad no sobreviviría. En una relación matrimonial, no conozco nada más importante que el amor. Donde hay amor, el cambio es inevitable. Sin amor, rara vez ocurre un cambio provechoso.

Recuerda la etapa de tu vida en la que tú y tu pareja estaban "enamorados". ¿No es verdad que estaban dispuestos a hacer cualquier cosa por el bien de su amado: subir a la montaña más alta, atravesar el océano más profundo, dejar de fumar, aprender a bailar? Estabas dispuesto a intentar cualquier cosa que tu pareja pidiera. ¿Por qué estabas tan dispuesto a cambiar? Creo que se debía a que tu necesidad de amor estaba siendo satisfecha. Es cierto que *el amor estimula al amor*.

Pero con el paso del tiempo, la obsesión emocional que tenían el uno por el otro se apagó y sus tendencias egocéntricas tomaron el control. Tanto tú como tu cónyuge comenzaron a concentrarse en satisfacer sus necesidades individuales. Irónicamente, el resultado fue que ninguno quedó satisfecho. La naturaleza de la vida egocéntrica es la decepción y el dolor, los cuales llevan al enojo, al resentimiento y a la amargura. Esa es la situación de miles de matrimonios. Para que esto cambie, debe haber un retorno al amor; no al estado eufórico de estar "enamorados", sino a la elección consciente de estar atento a los intereses de la otra persona. El amor requiere un cambio fundamental de enfoque. Va en contra de nuestra tendencia natural al egoísmo, pero es el arma más poderosa que existe para hacer el bien. Cambia radicalmente el clima de un matrimonio.

La actitud de amor debe encontrar la manera de expresarse a través de la conducta. En mi matrimonio, estos patrones de comportamiento se construyeron haciéndole a mi esposa las siguientes preguntas:

—¿Cómo puedo ayudarte?

—¿Qué puedo hacer para que tu vida sea más fácil?

—¿Cómo puedo ser un mejor esposo para ti?

Cuando estuve dispuesto a hacer esas preguntas y a permitir que las respuestas de Karolyn me guiaran a expresar mi amor por ella, nuestro matrimonio renació.

A través de mis treinta años de orientación matrimonial, he ayudado a cientos de parejas a descubrir la manera de conectarse entre sí desde lo emocional, eligiendo el camino del amor. En 1992, escribí un libro llamado *Los Cinco Lenguajes del Amor*, el cual literalmente ayudó a miles de parejas a volver a conectarse y a crear un clima emocional positivo en sus matrimonios.[2] De los cinco lenguajes del amor, cada persona tiene uno principal. Uno de esos estilos de comunicación nos habla con mayor profundidad emocional que los otros cuatro. Todos ellos nos gustan en diferentes grados, pero comúnmente hay uno que preferimos por sobre los demás, uno al que no renunciaríamos por nada del mundo. Es el que nos hace sentir genuinamente amados. Cuando nuestro cónyuge nos "habla" en nuestro lenguaje básico del amor, nuestros depósitos de amor se llenan y nos sentimos seguros. La clave es descubrir el lenguaje básico del amor de tu cónyuge y darle a él o ella fuertes dosis del mismo, mientras salpicas a los otros cuatro lenguajes del amor, como las frutillas encima de la torta. Jamás he visto un matrimonio que no mejorara cuando un cónyuge, o ambos, escogieron seguir este camino.

Para ayudarte a comenzar, resumiré brevemente los cinco lenguajes del amor e ilustraré por qué es tan importante aprender el lenguaje básico de tu cónyuge:

LENGUAJE DEL AMOR #1: PALABRAS DE APROBACIÓN

Para algunas personas, lo que las hace *sentirse* amadas son las palabras de aprobación. La decisión de concentrarte en lo positivo y expresar la aprobación por aquellas cosas que te gustan de tu cónyuge tendrá el efecto de motivarlo a una conducta generosa. Si el lenguaje básico del amor para tu cónyuge son las palabras de aprobación, busca hasta la menor oportunidad para brindarle algunas simples palabras de afirmación.

"Te ves bien con ese vestido."

"Estás más elegante que nunca esta noche."

"Me encantó la comida que preparaste."

"Gracias por sacar la basura."

"Quiero que sepas que te valoro."

"Realmente aprecio que hayas limpiado la cocina esta noche."

"Gracias por cortar el césped; el jardín se ve muy bien."

"Gracias por ponerle combustible a mi auto. Y gracias por sacar los bichos del parabrisas."

Las palabras de aprobación también pueden apuntar a los rasgos de la personalidad de tu cónyuge:

"Me di cuenta de cómo pasaste tiempo con Rebeca esta noche. Ella parecía apenada. Realmente valoro el hecho de que te tomes tu tiempo para estar con otras personas."

"Creo que no te lo he dicho últimamente, pero de verdad te agradezco que cada vez que llego a casa, seas siempre tan alentadora y te entusiasme tanto que yo esté en casa. Eso significa mucho para mí."

"Valoro lo espontánea que eres. Haces que mi vida sea interesante."

"La manera en que abordas los problemas es un don. Agradezco la forma en que haces mi vida más simple, resolviendo muchos de mis problemas."

Las palabras de aprobación también pueden referirse a sus características físicas:

"Tu cabello se ve precioso."

"Me encanta el brillo de tu mirada."

"¿Te he dicho últimamente que tus pechos son hermosos?"

"¡Qué músculos!"

"El color de tus ojos me recuerdan a un lago tranquilo en las montañas."

Las palabras de aprobación dan vida; las palabras

condenatorias traen muerte. Muchas parejas han destruido sus matrimonios usando palabras condenatorias, sentenciosas, crueles y cortantes. Eso puede cambiar cuando un cónyuge decide detener la corriente de negatividad y deja fluir las palabras del amor.

LENGUAJE DEL AMOR #2: REGALOS

Mi formación académica es en antropología, el estudio de las culturas. Todavía no se ha encontrado una cultura en la cual un regalo no sea una expresión de amor. Un regalo comunica: "Él estaba pensando en mí. Mira lo que me trajo." Los regalos son una muestra física y visible de sensibilidad e interés.

Un regalo no tiene que ser costoso; después de todo, lo que cuenta es la intención, ¿verdad? En realidad, es el pensamiento que genera la intención lo que le da valor al regalo que resulta de ese pensamiento. La mayoría de nosotros podríamos aprender algo importante observando a nuestros hijos. Los niños son maestros en obsequiar y la mayoría de las veces no les cuesta nada. Preparan tortas de frutillas imaginarias y te invitan a comerlas con ellos. Hacen autitos con tubos de papel higiénico y botones y te los ofrecen como regalo.

Corren hacia ti con una flor, te la presentan con una sonrisa y dicen: "Traje esto para ti." ¿En qué parte del camino a la adultez perdimos ese espíritu de hacer regalos?

Creo que todos pueden aprender a regalar. Requiere ser consciente de que regalar es uno de los lenguajes fundamentales del amor y entonces decidir hablarle en ese lenguaje a tu cónyuge. Lo que cuenta no es el precio de los regalos sino tu intención. Hazle a tu esposa una tarjeta con los papeles de colores que tienes en el escritorio. Escribe en ella palabras de aprobación y entrégasela para el día de los enamorados, o mejor aún, en un día que no sea especial. Desde luego, no todos los regalos deben ser económicos. Escucha los comentarios que haga tu cónyuge acerca de cosas que le gustaría tener. Si expresa un deseo por algo, toma nota de ello. Tres semanas más tarde, sorprende a tu pareja, regalándoselo después de la cena.

LENGUAJE DEL AMOR #3: ACTOS DE SERVICIO

"Los hechos hablan más fuerte que las palabras." Para algunas personas, eso es algo muy cierto. Hacer algo que le gusta a tu cónyuge es una expresión profunda de amor. Preparar la cena, lavar los platos, pasar la aspiradora, cortar el césped, lavar el auto, lavar la ropa, limpiar el baño, cambiarle los pañales al bebé, todos estos son actos de servicio. Sí, requieren tiempo, esfuerzo, energía y, a veces, habilidad, pero si el lenguaje básico del amor para tu cónyuge son los actos de servicio, cada vez que hagas algo que sabes le agrada estarás comunicándole fuertemente tu amor.

En las responsabilidades domésticas, tendemos a ser animales de costumbres. Caemos en modelos de conducta: él cocina, ella lava los platos; ella lava la ropa, él corta el césped; él se ocupa del vehículo, ella se encarga de que la ropa esté limpia. Encontramos nuestro lugar y nos acomodamos a él. Por supuesto, hay un aspecto positivo en todo esto. Por lo general, hacemos las cosas para las cuales estamos más capacitados y, si las hacemos con un espíritu positivo para el bien de cada uno, estamos hablando el lenguaje del amor.

Si las responsabilidades y los quehaceres domésticos ya están bien establecidos en tu hogar, puedes aumentar tus expresiones de amor hacia tu cónyuge haciendo algo que no forma parte de tu lista. Sé consciente de que tu cónyuge talvez no llegue a entender o a apreciar tus esfuerzos, como se muestra en el siguiente diálogo:

—Cariño, ¿te gustaría que yo limpie los baños esta noche?

—¿Quieres decir que yo no los limpio bien?

—No, pienso que estás haciendo un buen trabajo. Sólo pensé que sería lindo si yo hiciera algo para ayudarte.

Conviene estar preparado para que tu cónyuge no se muestre entusiasmado al principio. Quizás él o ella todavía estén preguntándose si estás diciéndole la verdad. Pero, una vez que hayas culminado la tarea, es probable que escuches algunas palabras de aprobación.

LENGUAJE DEL AMOR #4: TIEMPO PARA RELACIONARSE

El tiempo para relacionarse va más allá de estar en la misma habitación o en la misma casa con tu cónyuge. Implica brindarle toda tu atención. Es sentarse en el sofá con la televisión apagada, mirarse el uno al otro y charlar. Es salir a caminar ustedes dos solos. Es salir a cenar y mirarse al hablar. ¿Alguna vez te diste cuenta que en un restaurante casi siempre puedes reconocer la diferencia entre una pareja de novios y un matrimonio? Las parejas de novios se miran a los ojos y conversan; los matrimonios se sientan en silencio y comen. Para la pareja de novios, es el momento de relacionarse; para la pareja casada, es el de satisfacer una necesidad física básica. ¿Por qué no transformar tus cenas en expresiones de amor brindándose toda su atención, hablando y escuchando?

Comienza compartiendo los sucesos del día, pero no te limites a eso. Habla de las cosas que puedan estar preocupando a tu cónyuge, o de los deseos que tiene para el futuro. Una vez que nuestro cónyuge sienta que nos interesa lo que piensa y siente, no sólo hablará con más libertad, sino que también se sentirá amado.

Si lo que deseas es impactar a tu cónyuge con un buen gesto, la próxima vez que entre en la sala mientras estás mirando televisión, aprieta el botón de *mute* y mira a tu cónyuge, brindándole toda tu atención. Si empieza a hablar, apaga el televisor y métete en la charla. Si él o ella salen de la sala sin hablar, puedes volver a ver tu programa, pero no olvides que el simple acto de estar disponible para compartir tiempo comunica que tu cónyuge es más importante para ti que cualquier cosa que haya en televisión. El tiempo para relacionarse es un poderoso lenguaje del amor.

LENGUAJE DEL AMOR #5: CONTACTO FÍSICO

Todos conocemos el poder emocional del contacto físico. Las investigaciones indican que los bebés que son tocados con cariño son mucho mejores emocionalmente que aquellos que no reciben contacto. Ocurre lo mismo con los adultos. Si alguna vez caminaste por los pasillos de un hogar de ancianos, habrás visto las manos extendidas de personas que anhelan ser tocadas. Un apretón de manos, un abrazo, una palmadita en la espalda llenarían los depósitos de amor de muchas personas solas.

En el matrimonio, el contacto físico es uno de los lenguajes fundamentales del amor. Tomarse de la mano mientras dan las gracias por la comida, ponerle la mano en el hombro a tu cónyuge cuando están mirando televisión, abrazarse cuando se reencuentran después de haber estado alejados, el contacto sexual, besarse —a veces, con un ligero beso, otras apasionadamente— cualquier contacto, siempre que sea afectuoso, es una demostración de amor.

Recuerdo a una mujer que me dijo: "De todas las cosas que mi esposo hace, ninguna es más importante que el beso en la mejilla que me da cuando vuelve de trabajar. No importa que su día o el mío haya sido malo. Cuando viene a saludarme con un beso antes de ir a ver la televisión o caminar hacia el refrigerador, todo parece mejor." En uno de mis seminarios, un hombre dijo: "Nunca me voy de casa sin recibir un abrazo de mi esposa. Y cuando regreso, es lo primero que ella hace. Algunos días, sus abrazos son la única cosa positiva que me sucede, pero me dan fuerza para seguir adelante."

DESCUBRIR TU LENGUAJE BÁSICO DEL AMOR

Para descubrir tu lenguaje básico del amor, pregúntate de qué te quejas más frente a tu cónyuge. Tus quejas revelan tu lenguaje del amor. Si con frecuencia le dices: "Nunca pasamos tiempo juntos. Somos como dos veleros que se cruzan en la noche," estás comunicando que tu lenguaje del amor es el de compartir tiempo. Si tu cónyuge regresa de un viaje y le dices: "¿En serio no me trajiste nada?", estás demostrando que tu lenguaje del amor son los regalos. Si te escuchas a ti mismo diciéndole a tu cónyuge: "Ya no me tocas. Si yo no te acaricio, jamás lo haces", estás revelando que tu lenguaje del amor es el contacto físico. Si a menudo le dices: "Nunca hago nada bien", estás manifestando que tu lenguaje del amor son las palabras de aprobación. Si te escuchas diciendo: "Nunca me ayudas con las cosas de la casa. Yo tengo que hacerlo todo. Si me quisieras, me ayudarías", tu lenguaje básico del amor son los actos de servicio. Si no tienes quejas, quiere decir que tu cónyuge está hablando tu lenguaje básico del amor, aunque quizás aun tú no sepas cuál es.

¿Cómo descubrir el lenguaje básico del amor de tu cónyuge? Escucha sus quejas. Es muy común que nos pongamos a la defensiva cuando escuchamos que nuestro cónyuge se queja. Si un marido dice: "No entiendo por qué no puedes mantener esta casa medianamente decente, parece una pocilga", es probable que su esposa explote en palabras de enojo o rompa en llanto. Sin embargo, su marido está dándole información valiosa sobre el lenguaje de amor que él aprecia: actos de servicio. Escucha las quejas de tu cónyuge y aprenderás aquello que lo hace sentir amado.

La clave para crear un ambiente emocional positivo en un matrimonio es aprender a hablar el lenguaje básico del amor de cada uno, y de hablarlo habitualmente. El lenguaje del amor de mi esposa son los actos de servicio; por ese motivo, yo paso la aspiradora, lavo los platos, limpio las persianas y doblo la ropa. No soy por naturaleza alguien que hace cosas, prefiero mucho más hablar o escuchar. Pero sé que para mi esposa, los hechos hablan más fuerte que las palabras.

El otro día, mi esposa dijo al pasar: "Las ventanas están bastante polvorientas." Capté el mensaje y mentalmente tomé nota. Dos días después, alrededor de las seis de la mañana y antes de irme para dirigir un seminario matrimonial, yo estaba en el comedor pasándole la aspiradora a las persianas, cuando Karolyn se levantó y me preguntó: —¿Qué estás haciendo?

Le dije: —Mi vida, estoy haciendo el amor.

Y ella me respondió: —Tú eres el mejor esposo del mundo.

Mi lenguaje primaria del amor son las palabras de aprobación. Karolyn llenó mis ansias de amor cuando yo llené las de ella. Me llevó treinta minutos y el pequeño esfuerzo de limpiar las persianas un viernes a las seis de la mañana, pero fue un precio módico para hacer feliz a mi mujer. Su respuesta no le llevó más de seis segundos, pero para mí esas palabras de aprobación valen más que mil regalos.

Cada tanto, alguien me pregunta: "Pero, ¿qué pasa si el lenguaje del amor de mi cónyuge es algo que a mí no me sale naturalmente?" Siempre respondo: "¿Y qué?" Aprender a hablar un segundo idioma talvez no sea fácil, pero vale la pena hacer el esfuerzo. Para ser sincero, pasar la aspiradora, lavar los platos y limpiar las persianas no son cosas que me salgan naturalmente, pero yo he aprendido a hablar el lenguaje del amor de mi esposa porque para mí es importante satisfacer su necesidad emocional de amor.

Entonces, ¿por dónde comenzar? Sugiero que comiences en donde estás ahora. Si creciste en una familia que no era muy sensible al contacto físico y te casaste con una persona cuyo lenguaje del amor es precisamente ese, comienza por tocarte a ti mismo. Pon una mano encima de la otra, o apóyate la mano en el codo o en el hombro. Tócate la rodilla o date palmaditas en el muslo. Cuando llegues a sentirte cómodo tocándote a ti mismo, imagínate pasándole el brazo por la espalda a tu cónyuge durante tres segundos, o dándole una palmadita en la espalda. Practica en soledad estos movimientos. Imagínate tocando a tu cónyuge de una manera casual y a la vez natural. Luego, un día, con todo el valor que puedas reunir, acércate a tu pareja, palméale la espalda y observa cómo reacciona. Quizás se sorprenda, pero tú ya estarás en camino a dominar el lenguaje del amor de tu cónyuge. La próxima vez y la siguiente, serán más fáciles todavía.

Si el lenguaje del amor de tu pareja son las palabras de aprobación y no eres una persona con facilidad de palabra, busca un cuaderno y comienza a escribir frases y expresiones que le demuestren tu aprobación. Si no puedes pensar en nada, escucha lo que dicen otras personas e imítalas. Lee revistas y libros y registra las expresiones de amor que encuentres. Luego, colócate frente al espejo y lee en voz alta esas expresiones. Procura sentirte cómodo al escuchar las palabras que salen de tu boca. Cuando estés preparado, elige una de estas frases, acércate a tu cónyuge y pronuncia las palabras de aprobación que elegiste. Entonces habrás "roto la barrera del sonido" y será cada vez más fácil pronunciar palabras de aprobación. La cuarta o quinta vez, te sentirás cómodo al mirar a tu cónyuge a los ojos mientras le dices esas palabras.

Si decides hacer el esfuerzo, puedes aprender a hablar el lenguaje básico del amor de tu cónyuge.

Cuando lo hagas, colmarás su necesidad emocional básica de una manera más efectiva. Una vez que comiences a hablar su lenguaje básico del amor, podrás incluir también a los otros cuatro lenguajes y lograrás así una mayor respuesta emocional de tu cónyuge.

Quizá estés pensando: *Pero, ¿qué tiene que ver toda esta charla sobre el amor con lograr que mi pareja cambie?* Me alegra que lo preguntes, porque a menos que entiendas la respuesta a esa pregunta, es probable que no veas cambios importantes en tu cónyuge. Todos tenemos necesidades emocionales básicas, entre ellas las de seguridad, propósito, libertad, autovaloración y amor. Cuando no son satisfechas, nos sentimos frustrados. Esta frustración puede expresarse mediante depresión, ansiedad, resentimiento o retraimiento. En un estado de frustración, difícilmente estaremos abiertos a las sugerencias o a los pedidos de nuestro cónyuge. Normalmente, interpretamos esos pedidos como críticas. Tal vez explotemos, nos desquitemos o nos distanciemos, pero no cambiaremos.

De todas las necesidades emocionales, una de las

fundamentales es la de sentirse amado. Cuando no nos sentimos amados, el mundo entero nos parece oscuro. Por el contrario, cuando nuestro depósito de amor está lleno y nos sentimos genuinamente amados por nuestro marido o esposa, el mundo entero parece brillante. La vida se vuelve una aventura y no queremos perdernos la emoción. En este estado de ánimo positivo estamos abiertos al cambio y la persona a la que respondemos con mayor sensibilidad es aquella que llena nuestro depósito de amor.

Cuando el depósito de amor de tu cónyuge esté lleno, él o ella estarán mucho más abiertos a los cambios que deseas, especialmente si eres tú quien está llenándolo. Has creado un ambiente donde el cambio no sólo es posible, sino realizable.

¿Será fácil aprender a hablar el lenguaje básico del amor de tu cónyuge? Probablemente no, pero los resultados valen el esfuerzo.

Cuando conocí a Patricia y a Pedro, hacía treinta y tres años que estaban casados, pero no habían sido treinta y tres años felices. Según las palabras de Pedro: "Los últimos veinte años han sido completamente miserables. Vivimos en la misma casa e intentamos ser civilizados, pero realmente no hemos tenido un matrimonio durante todo este tiempo."

Ante esa revelación yo lo miré de una manera bastante sombría, hasta que él dijo: "Todo eso cambió hace seis meses. Estaba de visita en la casa de un amigo y le conté lo miserable que me sentía en mi matrimonio. Él me escuchó y me dio un ejemplar de *Los Cinco Lenguajes del Amor*, diciendo: 'Lee esto; creo que te ayudará.'

"Me fui a casa y lo leí de punta a punta. Mientras lo hacía, fue como si se encendieran lamparitas en mi cabeza. Cuando terminé de leerlo, me dije: '¿Por qué nadie me explicó esto hace veinte años?' Me di cuenta de que ninguno de nosotros había estado hablando el lenguaje básico del amor del otro. Le di el libro a mi esposa y le pedí que lo leyera y me dijera qué le parecía. A la semana siguiente, nos sentamos y le dije: '¿Tiene algún sentido este libro para ti?' Ella me contestó: 'Ojalá lo hubiera leído hace treinta años. Creo que explica en qué falló nuestro matrimonio.' Entonces le dije: '¿Crees que algo puede cambiar si lo intentamos ahora?' A lo cual, ella respondió: 'No tenemos nada que perder.' '¿Eso quiere decir que estás dispuesta a intentarlo?' le pregunté. 'Claro, lo intentaré,' dijo ella.

"Conversamos sobre los que creíamos que eran nuestros lenguajes básicos del amor y nos pusimos de acuerdo en que, con la ayuda de Dios, procuraríamos expresarlo el uno al otro, por lo menos una vez por semana, sin importar cómo nos sintiéramos. Si alguien me hubiera dicho que en dos meses aumentarían mis sentimientos de amor hacia mi esposa, habría respondido: 'No lo creo.' Pero ocurrió."

A esa altura, Patricia intervino en la conversación y dijo: "Si alguien me hubiera dicho que yo iba a volver a tener sentimientos de amor por Pedro, le habría contestado que era imposible. Pero los tengo. Es como si viviéramos nuestra segunda luna de miel. El mes pasado nos fuimos de vacaciones por primera vez en veinte años. Fue maravilloso. Volvimos a disfrutar de estar juntos. Lo único que lamento es haber perdido veinte años. Ahora me doy cuenta de que los dos teníamos necesidades profundas de amor, pero ninguno sabía cómo satisfacerlas en el otro. Espero que todas las parejas puedan descubrir lo mismo que nosotros. Es lo más importante del mundo."

Pedro y Patricia representan a miles de parejas que han descubierto que, hablando el lenguaje básico del amor de su cónyuge, crearon una atmósfera diferente entre ellos. Cuando se sintieron auténticamente amados, estuvieron mucho más abiertos a las sugerencias y a los pedidos.

Es obvio que te llevará tiempo llenar el depósito de amor de tu cónyuge, pero no tanto como talvez te imaginas. Para Pedro y Patricia, después de vivir veinte años con los depósitos de amor vacíos, su situación emocional cambió en dos meses. No estarás listo para solicitar cambios hasta que tu cónyuge haya vivido varias semanas con su depósito de amor lleno. No puedo decirte cuánto tiempo llevará, pero puedo decirte cómo reconocer cuando hayas llegado al momento en que estarás preparado para el siguiente paso.

Hace algunos años, diseñé un juego que ha

ayudado a miles de parejas. Se llama Control del Depósito. Estas son las instrucciones: Después de que hayas hablado el lenguaje básico del amor de tu cónyuge durante un mes, pregúntale: "Del 0 al 10, ¿a qué altura está el nivel de tu depósito de amor?" Espera a que tu cónyuge te dé su medida. Si te contesta menos que 10, dile: "¿Qué puedo hacer para llenarlo?" Cuando tu cónyuge te haga una sugerencia, hazlo al máximo de tu capacidad. Juega este juego una vez por semana. Cuando empieces a obtener respuestas de 8, 9 y 10 sostenidamente, sabrás que estás preparado para el siguiente paso, que está explicado en el próximo capítulo. Te invito a leer el capítulo 3, para que puedas ver hacia dónde te diriges, pero por favor, no intentes dar el próximo paso hasta que hayas completado los desafíos de los capítulos 1 y 2.

⌣

TOMANDO MEDIDAS

1. En tu matrimonio, ¿de qué te quejas con mayor frecuencia?

2. ¿De qué se queja más a menudo tu cónyuge?

3. Con estas respuestas en mente, descubre cuál de los lenguajes del amor es el que más desea tu pareja. Clasifícalos por orden de importancia, con el más deseado en primer lugar, y el menos deseado en el número 5.

___ Palabras de aprobación

___ Regalos

___ Actos de servicio

___ Tiempo para relacionarse

___ Contacto físico

4. Ahora, usando la misma escala, indica qué lenguajes del amor te gustaría recibir:

___ Palabras de aprobación

___ Regalos

___ Actos de servicio

___ Tiempo para relacionarse

___ Contacto físico

5. Si tu cónyuge está dispuesto(a), pídele que complete los primeros cuatro pasos. Analicen sus respuestas para descubrir los lenguajes primarios y secundarios del amor de cada uno. Escojan hablar el lenguaje primario y secundario del amor del otro durante el próximo mes y vean qué sucede.

6. Si tu cónyuge no está interesado en participar del ejercicio, no te desanimes. En cambio, comienza tú a hablar su lenguaje primario y secundario del amor, basado en tus descubrimientos en el número 3 de arriba y observa lo que ocurre en el próximo mes. Recuerda: el amor estimula al amor.

3

"¿Cómo puedo lograr que mi cónyuge cambie?" Doy por sentado que cuando elegiste este libro, era esto lo que en realidad querías saber. Tal vez pensaste: *¿Sin manipulación? Yo estaría dispuesto a manipularlo(a) si eso hiciera que mi pareja cambiara.* Entiendo esa manera de pensar, pero no creo que sea lo que realmente quieras hacer. El cambio que resulta de la manipulación siempre viene acompañado de resentimiento. El resentimiento aleja a las personas y eso no es lo que la mayoría desea en su matrimonio.

La manipulación reduce la relación matrimonial

al nivel de un contrato negociado: "Si tú haces esto, yo haré lo otro." Y lo peor es que la manipulación manifiesta el intento de un cónyuge de controlar al otro: "Tú harás esto, o ya verás." Tal vez el "ya verás" provocará suficiente miedo en el cónyuge como para que el otro se adapte, pero el cambio será externo y pasajero. El verdadero cambio viene de adentro, no de circunstancias manipuladas.

Entonces, ¿cómo lograr un cambio verdadero? Si ya leíste y pusiste en práctica lo que hemos presentado en los dos primeros capítulos, estás en condiciones de pedirle un cambio a tu cónyuge. El método para pedir un cambio que estoy a punto de describir sólo será efectivo cuando te hayas ocupado de tus errores del pasado y estés poniendo en práctica el lenguaje básico del amor de tu cónyuge. De esa manera, una vez que hayas establecido la base adecuada en tu relación matrimonial, el cambio verdadero será posible.

Primero, haz una lista de algunos cambios que de verdad deseas ver en tu cónyuge.[†] Es importante

---

[†] Al final del libro, he incluido una muestra de cómo esposos(as) han respondido a la pregunta: "¿Qué cambio(s) te gustaría ver en tu cónyuge?"

ser específico; las generalidades no funcionarán. Por ejemplo: "Quiero que hables más" es demasiado general y demasiado difícil de medir. Si el objetivo deseado es incrementar tu comunicación, di: "Quiero pedirte que cada noche, de lunes a viernes, pasemos veinte minutos hablando y escuchándonos, compartiendo nuestras opiniones y sentimientos sobre lo ocurrido en el día." Este pedido es específico, entendible, alcanzable y medible.

"Me gustaría que dejaras de regañarme" también es demasiado nebuloso. Toma un área en la que tu cónyuge te regañe y pide algo específico al respecto. Por ejemplo, puedes decir: "Como sabes, he aceptado la responsabilidad de sacar la basura. Me gustaría pedirte que, en el futuro, no me recuerdes hacerlo. Tal vez yo no lo haga en el horario que quisieras, pero me encargaré de sacarla. Cuando sigues recordándomelo, siento como si fueras mi madre y yo tu hijo. No me gusta ese sentimiento y no creo que sea bueno para nuestro matrimonio. Por lo tanto, te pido que te abstengas de mencionar el tema de la basura."

Si eres la esposa que escucha este pedido, quizás

tengas ganas de decirme: "Sí, pero él no sacará la basura. Si yo no se lo recordara, estaría ahí durante una semana." Mi respuesta a eso es: "Si quieres un niño como esposo, sigue reprendiéndolo por la basura; pero si quieres un adulto, trátalo como tal. Nunca actuará como un adulto mientras sigas recordándole sus responsabilidades. Y por favor, no saques la basura por él: ese es un insulto aún más grande. Rocía desodorante de ambiente sobre la basura, pero no la toques. Te sorprenderá lo que puede suceder. "

Muy bien, ahora que tienes en mente tus pedidos específicos, ¿estás dispuesto a aprender cómo conviene hacerle estos pedidos a tu cónyuge? Aquí hay tres sugerencias para hacerlo correctamente: elegir el momento y el lugar, no suministrar una sobredosis de crítica y preceder con elogios tus pedidos.

ELIGE EL ENTORNO

Cuando te hayas decidido a pedirle un cambio a tu cónyuge, es sumamente importante que elijas el momento y el lugar adecuado y que seas sensible a su estado emocional. El momento debería ser después de una comida, nunca antes de ella. Cuando tenemos hambre, estamos irritables y en ese estado es difícil que aceptemos sugerencias. ¿Te has dado cuenta de que cuando están de viaje en familia y todos tienen hambre, tienden a discutir más fácilmente, los chicos se agarran del cuello y tú gritas mucho más? Eso se debe a que el hambre y la irritabilidad son compañeros. Cuando estés a punto de hacer algo tan importante como pedirle un cambio a tu pareja, asegúrate de que no sea un momento en el que él o ella estén con hambre.

El lugar para hacer tu pedido debe ser siempre privado, nunca en público. Cuando mencionas algo que te gustaría que tu cónyuge cambie y lo haces frente a otras personas, es humillante, aunque lo digas con humor. "Mi mujer no es precisamente una cocinera *gourmet*. Su especialidad son los huevos duros." Quizá todo el grupo se ría, pero ella se ofenderá. Espero que no quieras comer huevos duros pronto. Lo más probable es que ella quiera arrojarte un huevo crudo en la cara cuando entres a la cocina. Las humillaciones sólo estimulan el resentimiento y la venganza.

Si quieres que tu cónyuge acepte tu pedido, hazlo en privado. A continuación, puedes ver la manera en que un esposo hizo con éxito un pedido después de la cena: "Cariño, de verdad aprecio el hecho de que cocines huevos tres veces por semana. Realmente me gustan los huevos duros. Lo que quiero pedirte es que los miércoles trates de hacerlos pasados por agua. En un libro de cocina leí que cocinarlos durante tres minutos desde el momento en que hierva el agua, hará que sea un huevo pasado por agua. Si te ayuda, puedo comprarte un reloj avisador. Para mí sería muy importante que una vez a la semana me los prepares de esa manera." Este esposo logró lo que deseaba.

Un tercer aspecto de la cuestión es tener en cuenta el estado emocional de tu cónyuge. ¿Está él o ella emocionalmente preparado para recibir una sugerencia esta noche? Algunas noches, estamos emocionalmente exhaustos. Si todo lo que hicimos durante el día nos salió mal y si todas las personas que vimos se han quejado de algo, lo último que tendremos ganas al llegar a casa a la noche es que nuestro cónyuge nos pida que cambiemos algo de nuestra manera de ser. Hasta el pedido más simple puede hacernos explotar. ¿Por qué? Porque ese pedido será la gota que rebalsa el vaso.

¿Cómo te das cuenta si tu cónyuge está preparado para recibir un pedido? La mejor manera que conozco es preguntárselo. Dile: "Cariño, ¿Es esta la noche adecuada para hacerte un pedido?" Si él o ella te dicen que no, casi puedo garantizarte que en menos de una hora volverá para decirte: "Ese pedido, ¿de qué se trata?" ¡Se morirá de ganas de saberlo! Pero tú contéstale: "No, mi amor. No es necesario que sea hoy. Puede ser cualquier otra noche, cuando tengas ganas." Es probable que te responda: "Bueno, ahora estoy disponible." Si eso sucede, entonces ¡adelante!, porque habrás ayudado a que se prepare emocionalmente para recibir tu pedido. Jamás ataques a tu cónyuge verbalmente pidiéndole que cambie. Siempre averigua primero si está en condiciones de recibir tu pedido.

NO SUMINISTRES SOBREDOSIS DE CRÍTICA

Las parejas que no tienen un sistema para solicitar un cambio por lo general se guardan cosas que les molestan, hasta que la presión es tan grande que explotan en críticas destructivas. El marido dice: "No entiendo por qué no puedes anotar los cheques que firmas. Hacer un balance de la chequera cuando faltan la mitad de los registros es lo más frustrante del mundo." Después de abrir fuego con semejante frase, continúa: "¿Por qué no puedes dejar ordenado mi escritorio? Estoy harto de buscar las cosas que cambias de lugar. Y a propósito, te recuerdo que nuevamente dejaste la puerta del garaje abierta. ¿Tienes idea de cuánto malgastamos en calefacción? Y cuando yo estoy fuera de la ciudad, ¿Se te ocurre alguna vez vaciar el buzón de la correspondencia? Anoche, cuando lo abrí, estaba repleto." Semejante sobredosis de crítica nunca puede dar como resultado un cambio positivo.

La hostilidad genera hostilidad. Una sobredosis de palabras incendiarias y condenatorias probablemente origine un contraataque. "Tú no eres precisamente lo que se dice perfecto, ¿sabías? Nunca puedo contar contigo para nada. Prometiste traerme una casaca la próxima vez que fueras a Nashville, pero te olvidaste otra vez. Estoy harta de hacer todo el trabajo de la casa. No mueves un dedo para ayudarme. Actúas como si yo fuera tu esclava. Y no sé cómo tienes cara de hablarme de que dejo la puerta del garaje abierta, cuando tú nunca cierras un cajón del armario."

De esta conversación no surgió nada constructivo. El esposo le disparó verbalmente cuatro veces a su mujer, ella a su vez devolvió el ataque tres veces y ambos se alejaron heridos y a la defensiva. Puedes estar seguro de que no ocurrirán cambios positivos. La sobredosis de crítica destruye el deseo de cambiar.

Recuerdo a un esposo que se encontró conmigo hace unos años y me dijo: "No he venido para recibir asesoramiento. Vengo a decirle que dejaré a mi mujer. Quería que lo escuchara de mí. Sé que cuando me vaya, ella lo llamará porque lo respeta. Hace ocho años que estamos casados y no puedo recordar un solo día en el cual ella no me haya criticado. Critica cómo me peino, cómo camino, cómo hablo, cómo me visto, cómo conduzco. No le gusta nada de mí. Finalmente he llegado a la conclusión de que si yo soy tan malo, ella debe merecer algo mejor."

Más tarde, ese día, cuando la esposa me llamó y vino a mi oficina, compartí con ella lo que su esposo me había dicho. Ella rompió en llanto y me dijo: "Sólo estaba tratando de ayudarlo."

¿Tratando de ayudarlo? Lo aniquiló. Ninguno de nosotros puede manejar emocionalmente las críticas excesivas. Todos queremos que nuestro cónyuge cambie, pero no lo lograremos dándole sobredosis de crítica.

Sugiero que no pidas más de un cambio por semana. Son cincuenta y dos cambios por año y debería ser suficiente. Algunas personas son demasiado frágiles emocionalmente para lidiar hasta con un cambio por semana. Algunos, sólo podrán hacer uno cada dos o tres semanas. Cuando comiences a desarrollar el arte de pedir cambios, talvez quieras alternar algunas semanas con tu cónyuge. Una semana, tú pedirás un cambio y la siguiente, será el turno de tu pareja. De hecho, sugiero que una de las semanas libres, *invites* a tu cónyuge a que él o ella comparta algo contigo sobre lo que le gustaría que tú cambies. Cuando estén en casa, luego de haber cenado, puedes decirle: "Es una buena noche para que me pidas que cambie algo. Dime alguna cosa que haría que yo fuera una mejor esposa." Debido a que eres tú quien ha tomado la iniciativa de la conversación, ya sabes en qué estado emocional te encuentras y sólo resta elegir el momento y el lugar adecuados para pedirle a tu cónyuge una sugerencia de cómo puedes mejorar.

Por mi parte, me doy cuenta que puedo responder a un pedido de mi esposa por semana, si es después de una comida, en privado y cuando me siento emocionalmente estable. Yo quiero ser un mejor esposo y puedo trabajar en una cosa por semana, pero más que eso me resulta abrumador. Si me dan una sobredosis, es probable que no pueda ocuparme de ningún cambio.

Tal vez creciste en un hogar donde hubo sobredosis de crítica. Todos los días tus padres te decían lo que hacías mal y lo que tenías que cambiar. Rara vez te elogiaban, pero te llenaban los oídos de frases condenatorias. Ahora que eres un adulto y estás casado, quizás le suministres a tu cónyuge sobredosis de crítica sin darte cuenta de lo que haces, porque estás acostumbrado a eso por tu crianza.

Podrías preguntarle a tu cónyuge: "¿Sientes que te doy sobredosis de críticas?" Si él o ella responden que sí, te recomiendo que te disculpes. Dile que lo lamentas y que no te habías dado cuenta de lo que estabas haciendo. Luego de que hayas despejado el aire, ponte de acuerdo con tu cónyuge en que te limitarás a pedirle solamente una vez por semana (o cada dos semanas) algo que te gustaría que cambie. Y, por supuesto, tu cónyuge también tendrá oportunidad de hacerte sus pedidos.

Algunas parejas han encontrado que les resulta útil la siguiente técnica: si uno de los dos comienza a hacer un segundo pedido en la misma semana, la otra persona levanta dos dedos y dice: "Dos, tesoro, dos." Ambos están de acuerdo que, al recordárselo, guardarán su segundo pedido hasta la semana siguiente. Si hay muchas cosas que te fastidian, podrías anotarlas en una libreta de "pedidos de cambio". Cada semana elige un pedido para compartir con tu cónyuge. Si limitas el número de tus pedidos habrá más posibilidades de que haya cambios. Cuando estamos saturados de pedidos, tendemos a volvernos resentidos o a enojarnos y esas emociones no fomentan el cambio. Romper el círculo de las sobredosis de crítica puede salvar tu matrimonio.

PRECEDE CON ELOGIOS TU PEDIDO

Mary Poppins tenía razón cuando cantaba: "Una cucharada de azúcar ayuda a bajar la medicina."[1] Los elogios hacen que el pedido de cambio sea más aceptable. Yo sugiero que sean en una proporción de tres a uno. Dime tres cosas que te gusten de mí y después una cosa que te gustaría que yo cambie.

Digamos que esta semana mi esposa se propone pedirme que, antes de salir del baño, limpie el cabello que cae en el lavabo. A ella le molesta ver cabello en el lavabo, y esta es la semana en que ella hace su pedido. Pero antes de hacerme su pedido, ella me dice: "Espera un minuto, mi amor. Antes que nada, quiero que sepas cuánto aprecio que cuelgues tu ropa. He hablado con otras mujeres que me dicen que sus maridos dejan la ropa tirada por toda la casa como si fueran niños. Ellas tienen que levantarla. Tú siempre cuelgas tu ropa. Supongo que tu madre te habrá enseñado, no lo sé. Pero me gusta.

"Segundo, quiero que sepas cuánto aprecio que anoche limpiaras los bichos que había en el parabrisas de mi automóvil. Me encanta cuando quitas los bichos del limpiaparabrisas.

"Y tercero, quiero decirte cuánto aprecio el hecho de que los jueves en la noche pases la aspiradora a los pisos. Cuando lo haces, para mí es como estar en el cielo. Uno, dos, tres . . . ¿Estás preparado? Me molesta muchísimo el cabello en el lavabo."

Ahora puedo esforzarme por sacar el cabello del lavabo y probablemente lo haga. ¿Por qué? ¡Porque le gusto a Karolyn! Mira, soy mejor que otros tipos (que no levantan su ropa) y quiero ser todavía mejor marido. Rara vez he conocido un hombre que no quisiera ser un mejor esposo. Una vez conocí a uno. Me dijo: "Mi esposa no se merece nada mejor." Tal vez, pero a la mayoría de los hombres les gustaría ser mejores.

Lo que estoy sugiriendo es que si un esposo acepta un pedido por semana de su esposa y se ocupa de él con su mejor voluntad, quedará sorprendido de cuánto habrá mejorado en tres meses. Lo mismo es cierto para las esposas que están dispuestas a aceptar un pedido por semana de sus maridos y procuran mejorar. Es más, haré un pequeño pronóstico. Si haces el intento con este plan de pedidos de cambios, un día llegarás a tu casa, talvez dentro de cuatro meses y cuando le digas a tu cónyuge: "Estoy listo para el pedido de esta semana," tu cónyuge responderá: "Creo que esta semana no te pediré nada."

¡Vaya! ¡Eso sería un avance! A partir de ese punto, tu esposa quizás ya no tenga un pedido por semana. Tal vez pasen muchas semanas entre un pedido y otro. Pero tú siempre le darás a tu cónyuge la posibilidad de pedirte algo, de decirte algo que hará que seas un mejor cónyuge.

Agrego un punto importante: cuando hagas un pedido y tu cónyuge se disponga a trabajar en él, no olvides *reconocerlo* y *elogiar* el esfuerzo. Sin los cumplidos, tus pedidos talvez parezcan sermones. Como dijo un esposo: "Trabajé tan duro para mejorar, ¿y qué hizo ella? ¡Me hizo otra crítica! De vez en cuando me gustaría saber que estoy haciendo alguna cosa bien." Al reconocer los esfuerzos de tu cónyuge por mejorar y al elogiar sus cualidades, lo motivarás a hacer cambios adicionales.

PIENSA EN ELLO

Al casarnos, descubrimos cosas sobre la otra persona que antes no conocíamos. Algunas de ellas realmente nos irritan. Son un estorbo en nuestra armonía matrimonial.

Tal vez descubras que cuando tu esposo se baña, deja la toalla empapada en el piso de la bañera. Cuando pasas, te preguntas: *¿Quién cree él que va a recoger eso?* O talvez descubriste que la ropa de tu esposa no sabe cómo colgarse sola de las perchas o que sus zapatos no saben cómo llegar al armario.

Te das cuenta de que no puede lavarse los dientes sin dejar manchitas blancas en el espejo. Cuando ella cambia el papel higiénico, siempre lo pone al revés. Él siempre deja la tapa levantada. Ella aprieta el dentífrico por la mitad, en lugar de hacerlo desde la base, como debería. Un marido me contó: "Le puse un cartel al dentífrico que decía: 'Apriétame la cola' ¡Y no funcionó!"

¿Qué harás con estas molestias y otros cientos que surjan a lo largo de los años? Lo que sugiero es que una vez a la semana pidas un cambio. Si es algo que estás haciendo o dejando de hacer y puedes hacer el cambio, ¿por qué no? Muchacho, si lo que ella quiere es que la toalla esté doblada, ¿cuánto tiempo te toma doblar la toalla? Dos segundos. Es un pequeño precio para tener una esposa feliz. Tu madre no doblaba las toallas, ya sé. Pero no estás casado con tu madre. Creo que deberíamos hacer todos los cambios posibles para complacer al otro. En la medida que cambiamos, hacemos la vida más fácil para los dos y caminamos juntos en armonía matrimonial.

¿QUÉ PASA CON LAS COSAS QUE TU CÓNYUGE NO CAMBIA?

Sería injusto de mi parte si te dejara con la impresión de que, si sigues el plan de este libro, dentro de nueve meses o un año tu cónyuge hará todo lo que le pidas. En realidad, existen algunas cosas que tu cónyuge no puede o no está dispuesto a cambiar.

Puedo darte un mejor ejemplo de esto con mi propia esposa: ya hacía un tiempo que Karolyn y yo estábamos casados, cuando me di cuenta de que ella sabía cómo abrir los cajones, pero no sabía cerrarlos. También sabía abrir las puertas de los armarios, pero no sabía cerrarlas. Y todos esos cajones y puertas abiertas me fastidiaban.

Un día, antes de que yo aprendiera las cosas que he compartido contigo en este libro, le dije: "Karolyn, si no te molesta, cuando termines en la cocina, ¿podrías por favor cerrar las puertas de las alacenas? Me golpeo la cabeza con esas cosas. Y en el baño, cuando terminas, si no te molesta, ¿podrías cerrar los cajones? Me engancho los pantalones en ellos cuando camino por ahí." Para mí, eran pedidos sencillos. Al día siguiente, cuando llegué a casa, entré a nuestro pequeño departamento y le eché un vistazo a la cocina: las puertas de las alacenas estaban abiertas. Fui al baño y los cajones estaban abiertos.

"Está bien, es un hábito," razoné. "Le llevará un tiempo cambiarlo, así que esperaré unos días."

Lo hice; aguardé una semana. Todos los días controlé las puertas y los cajones, y siempre estaban abiertos.

Al finalizar esa semana, pensé: *A lo mejor ni siquiera escuchó lo que le dije. Talvez había tenido un mal día y realmente no recibió el mensaje.* Yo estaba haciendo mi postgrado en educación y pensé en aplicar algo de lo que había aprendido.

Cuando llegué a casa fui directamente al baño y vacié el cajón superior y luego llamé a Karolyn para hacerle una demostración. Abrí el cajón y le enseñé cómo funcionaba. "Esta ruedita va aquí, en este surco. Qué cosas tan maravillosas son estos cajones. Realmente podrías cerrar este cajón con un solo dedo." Se lo demostré y luego la llevé a la cocina y le dije: "Ahora, si acercas la puerta lo suficiente, este pequeño imán la atraerá y la cerrará por ti."

Confié en que Karolyn había captado el mensaje. Tenía entendido que cuando uno usa ayudas visuales se comunica mejor, ¿no es así? (Puedo oír a todas las esposas abucheándome en este momento y con mucha razón. Pero recuerden que yo era joven y tonto.)

Al día siguiente, cuando volví del trabajo,

entré al departamento y miré la cocina. Las puertas de las alacenas estaban abiertas. Fui al baño y encontré que los cajones también estaban abiertos. Otra vez pensé: *Bueno, es un hábito. Le llevará un tiempo cambiarlo. Voy a esperar unos días.* Así lo hice: le di un mes. Todos los días durante ese mes, hice mi chequeo de puertas y cajones, y todos los días los encontré abiertos. Después de un mes, le di a Karolyn un sermón enfurecido. Le dije: "No te entiendo. Eres una licenciada, una mujer inteligente. Eres una persona profundamente espiritual y no logras cerrar los cajones. No lo entiendo."

El problema continuó durante nueve meses. Yo mantuve dos estrategias. Aproximadamente durante un mes, seguía a "fuego lento", lo cual significaba que no le decía nada a Karolyn, pero por dentro me preguntaba: *¿Qué le pasa a esta mujer?* Luego pasaba a darle sermones durante un mes. Pero no importaba si la reprendía o me guardaba el enojo, ella no cerraba los cajones ni las puertas.

Después de nueve meses así, una noche volví a casa y encontré que a nuestra hijita de dieciocho meses le habían hecho varios puntos cerca de uno de sus ojos.

—¿Qué pasó? —le pregunté a Karolyn. Para mi sorpresa, reconoció:

—Se cayó y se cortó con el borde de un cajón que estaba abierto.

No podía creer lo que estaba escuchando. Pensé para mí mismo: *Si yo fuera tú, no diría que el bebé se cayó sobre un cajón abierto. Dime cualquier otra cosa, pero no me digas que se golpeó con un cajón abierto.* Pero Karolyn me dijo la verdad.

Me sentí orgulloso de mí mismo por no sobreactuar. *No echaré sal en la herida*, me dije a mí mismo. *No exclamaré: 'Te lo dije.'* Pero en mi interior pensé: *¡Apuesto a que ahora sí va a cerrar los cajones!* Y lo otro que pensé fue: *Ella no me escuchó a mí. Ahora Dios está trabajando en ella.* ¿Pero sabes qué? ¡Ella no cerró los cajones, ni siquiera después de eso!

Dos meses después (y ya estamos en los once meses desde el comienzo), me dije a mí mismo:

Esta mujer nunca cerrará los cajones. Soy lento para aprender, pero finalmente entendí el mensaje. Mientras mi mente absorbía el impacto de esta última revelación, fui a la universidad, me senté en el escritorio de mi despacho e hice aquello para lo que había sido entrenado. ¿Has escuchado hablar sobre este plan? Cuando no sepas qué hacer con un problema, consigue una hoja de papel y anota todos los pensamientos que te vengan a la cabeza (los buenos, los delirantes, los insensatos, los útiles), escríbelos todos. Luego repásalos y elige la mejor alternativa. Eso fue lo que hice.

Lo primero que se me ocurrió fue: *Podría dejarla.* Ya había pensado en eso antes. Inmediatamente después de esta idea, pensé: *Si alguna vez vuelvo a casarme, lo primero que preguntaré será: ¿Cierras los cajones?*

La segunda idea vino por etapas. La pensé con mucho cuidado antes de escribirla: *Me sentiré miserable, cada vez que vea un cajón abierto, desde ahora hasta el día que me muera, o se muera ella.* Lo pensé, así que lo escribí.

La tercera posibilidad y la última en la que pude pensar, fue ésta: *Podría aceptarlo como algo que ella nunca cambiará y, de ahora en adelante, podría cerrar los cajones yo mismo.*

A partir de entonces, las personas que han escuchado la historia han aportado otras sugerencias. Un hombre me dijo que se puede conseguir unos resortes que cierran los cajones automáticamente. Yo no sabía eso. Otro hombre me dijo que había retirado todas las puertas de los armarios. Ese pensamiento nunca se me había ocurrido.

Cuando terminé, miré mi lista y taché de inmediato la primera frase. Estaba en el seminario, estudiando para ser pastor. Pensé: *Si la dejo, nunca podré ser pastor.* Así que la taché rápidamente. Leí la segunda y también la taché. Pensé: *¿Por qué un hombre adulto elegiría sentirse miserable por el resto de su vida?* No tenía sentido.

Bien, eso me dejó con la tercera opción. Podía aceptar el hecho de que mi esposa nunca cambiaría ese hábito y que a partir de ese momento yo mismo cerraría los cajones. Luego me pregunté cuánto tiempo me tomaría cerrar las puertas de las alacenas de la cocina.

Uno . . . dos . . . tres . . . cuatro segundos.

"¿Cuánto tiempo me demandará cerrar los cajones del baño?"

Uno . . . dos . . . tres segundos.

"Cuatro más tres igual a siete. *Siete segundos.* Creo que puedo incorporar esos segundos en mi horario."

Cuando volví a casa, le dije a Karolyn: —En cuanto a esos cajones . . .

En seguida me respondió: —¡Gary, por favor no saques ese tema otra vez!

—No —le dije—, no, mi cielo, no. Tengo una respuesta. De ahora en adelante y mientras yo viva, nunca más tendrás que volver a cerrar las puertas ni los cajones. De ahora en adelante, yo cerraré las puertas, yo cerraré los cajones y tú no tendrás que volver a preocuparte por ese tema.

¿Sabes lo que me dijo? "Está bien."

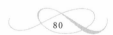

Y salió del cuarto. Para ella no era algo importante, pero para mí fue un momento decisivo. Desde entonces, ya no me han molestado los cajones abiertos. No siento nada cuando veo un cajón abierto. De hecho, la mayoría de las noches si caminaras conmigo por nuestro baño, verías que los cajones están abiertos. Pero voy cerrándolos al pasar, ¡porque ese es mi trabajo!

¿Qué estoy diciendo? Lo que digo es que habrá algunas pocas cosas que tu cónyuge no puede cambiar, o que no cambiará. No sé cuáles serán y tampoco importa. Tengo una esposa maravillosa. Ella ha logrado hacer muchos cambios para complacerme. A menudo pienso que es algo genético lo que le impide cerrar los cajones. ¡Es posible! Pero ya sea que se trate de *no poder o no querer hacerlo*, el punto es que tu cónyuge nunca cumplirá con todos tus pedidos.

Entonces, ¿qué harás con las cosas en que tu cónyuge no cambie? Creo que el amor acepta esas imperfecciones.[2] ¿No sería un tonto si, después de todos estos años, siguiera murmurando y quejándome por los cajones abiertos? En cambio, opté por darle gracias a Dios por todos los cambios positivos que ha hecho Karolyn y por aceptar las cosas que ella no puede o no está dispuesta a cambiar.

Algunos de ustedes, muchachos, han corrido detrás de sus esposas durante quince años quejándose por las luces. "No entiendo por qué no puedes apagar las luces cuando sales de una habitación. Las llaves funcionan hacia ambos lados, ¿sabías? Sólo tienes que mover un dedo. Si apagaras las luces, yo podría comprarte un abrigo nuevo." No quiero desanimarlos, muchachos, pero si ella no ha apagado las luces en quince años, tal vez nunca lo haga. A lo mejor tengas que entender que ella es la "encendedora de luces" y tú eres el "apagador de luces". El amor acepta ciertas imperfecciones. ¿Y acaso eso no te beneficia?

Ya te habrás dado cuenta de que no estoy prometiéndote que tu cónyuge cambiará todo para tu satisfacción. Lo que estoy diciendo es que si implementas el plan de tres pasos que he detallado en este libro, tu cónyuge hará cambios importantes. Jamás he visto que el plan fallara. Aquí tienes un repaso:

Paso 1: *Confiesa tus propias fallas y pide perdón.* Esto dará una clara señal de que te has dado cuenta de que no has sido un cónyuge perfecto en el pasado. Mostrará que estás pensando seriamente en tu matrimonio y que quieres mejorar la relación. Ya sea que tu cónyuge pueda perdonarte inmediatamente o no, él o ella son conscientes ahora de que algo importante está ocurriéndote. Ese conocimiento planta una semilla de esperanza.

Paso 2: *Aprende a hablar el lenguaje básico del amor de tu cónyuge.* Cuando a la confesión la siguen expresiones de amor incondicional en el lenguaje básico del amor de tu cónyuge, estás regando esa semilla de esperanza. Estás satisfaciendo la necesidad emocional de amor de tu cónyuge de la manera más eficaz. A su debido tiempo, emergerá el brote de una nueva vida. Esas expresiones de amor producirán calidez emocional y transformarán el clima en tu matrimonio. Tal vez comiences a ver un nuevo brillo en los ojos de tu pareja y una actitud más positiva hacia ti y hacia tu matrimonio. Con el tiempo, tu cónyuge comenzará a corresponderte expresando amor en tu lenguaje básico del amor. En ese momento descubrirás que nada tiene más poder en las relaciones humanas que el amor incondicional.

Paso 3: *Ahora estás preparado para comenzar a hacer pedidos específicos*. Porque tu cónyuge ya te ha perdonado tus errores pasados, y porque ahora siente tu amor, él o ella estarán más abiertos a tus pedidos. La mayoría de las personas están dispuestas a hacer cambios cuando se sienten amadas.

Fue interesante para mí comprobar a través de los años que las parejas que implementan este plan, a menudo encuentran que su cónyuge realiza cambios positivos aun antes de que se los soliciten. Debido a las quejas pasadas, ya conocen muchos de los cambios que su cónyuge desea. Ahora que están viviendo en una atmósfera de perdón y están recibiendo las manifestaciones de amor de su pareja, están motivados a hacer cosas que piensan que su cónyuge apreciará, aun sin que se las pidan.

"No podía creerlo," dijo un esposo. "Por años, le había pedido a mi esposa que sacara ella a pasear al perro una noche por semana mientras yo asistía al club. Nunca lo hacía. Yo odiaba volver a casa los martes a las 9:30 de la noche y tener que sacar a pasear al perro. Hacía casi seis semanas que estaba en la 'fase del amor' de esta nueva estrategia, cuando una noche volví a casa y descubrí que ella ya había sacado al perro. Ni quiera tuve que pedírselo. Me dejó alucinado. Le dije cuánto lo apreciaba. Desde esa noche, siempre ha sacado a pasear al perro los martes. Sé que es un detalle, pero para mí significa mucho."

Los pequeños o los grandes cambios son más fáciles cuando se han confesado los errores pasados y el amor se ha convertido en un modo de vida. Ahora que has leído este pequeño libro y tienes una clara imagen de cómo hacer que tu cónyuge cambie sin que lo manipules, quiero desafiarte a poner en práctica este programa. Lee nuevamente el capítulo 1 y comienza el proceso de identificar y confesar tus errores pasados. No aceleres el proceso. Date tiempo para conseguir ayuda externa, como se describe en el capítulo 1. Haz una confesión minuciosa y genuina. Luego, relee el segundo capítulo, descubre el lenguaje primario del amor de tu cónyuge y comienza a hablarlo regularmente. A las dos semanas de esta parte del proceso, empieza también a salpicar con los otros cuatro lenguajes del amor. Luego, aplica el juego del Control del Depósito con tu cónyuge. Cuando recibas regularmente notas como 8, 9 ó 10, sabrás que estás preparado para comenzar a hacer tus pedidos de cambios.

Cuando veas cambios positivos en tu cónyuge, me encantará conocer tu historia. Visita www.garychapman.org. Espero tener noticias tuyas pronto.

~

TOMANDO MEDIDAS

1. Piensa en ocasiones del pasado cuando tú o tu cónyuge se criticaron duramente. ¿Cómo te sentiste? ¿Cómo crees que se sintió tu cónyuge?

2. Piensa en algunas ocasiones en las que tu cónyuge haya mencionado en público algo que quería que cambiaras. ¿Cómo te sentiste? O si fuiste tú quien dijo algo sobre tu cónyuge, ¿cómo crees que se sintió?

3. En el futuro, si tu pareja te hiciera sus pedidos en privado, después de una comida, y después de haberte expresado tres elogios, ¿con qué frecuencia estarías dispuesto a recibir un pedido?

___ un pedido de cambio por semana

___ un pedido de cambio cada dos semanas

___ otros (por favor, especifica)

_____

4. Si tu cónyuge está dispuesto, pídele que complete los pasos 1-3 que se detallan más arriba. Compartan sus respuestas y comiencen a seguir el plan de pedido de cambios sugerido en este capítulo.

5. Si tu cónyuge no está interesado en participar en este ejercicio, no te desanimes. Simplemente dile que a ti te gustaría trabajar para convertirte en mejor compañero(a) y que querrías de su parte una sugerencia por semana (o cada dos semanas) acerca de algo que tú puedas cambiar para hacer su vida

más fácil. Cuando tu cónyuge vea que tomas en serio los pedidos de cambio, comenzará a corresponderte.

6. Haz una lista de algunas cosas que deseas con ganas que tu cónyuge cambie. (Al final del libro he incluido un inventario de las respuestas que recibí de hombres y mujeres cuando les hice la pregunta: "¿Qué cambios te gustaría ver en tu cónyuge?")

7. Ahora, examina esta lista y asegúrate de que tus pedidos sean específicos, comprensibles y realizables. Mientras más específicos sean, mejor. (Tal vez podrías leer las páginas 58-59).

8. Recuerda:

- Nunca hagas más de un pedido por semana (o lo que hayan acordado como programa).

- Nunca hagas un pedido cuando tu cónyuge tenga hambre.

- Siempre haz tus pedidos en privado.

- Pregúntale a tu cónyuge si está emocionalmente preparado(a) para escuchar tu pedido.

- Precede tu pedido con al menos tres cumplidos.

Los principios de este libro han logrado ver-
daderos cambios en mi vida y en la de cientos de
parejas que he aconsejado. Ahora espero que realices
la dura tarea de aplicar esta estrategia. Ahora tienes
el plan. Este plan ha funcionado para otros y estoy
animándote a que lo intentes en tu matrimonio. No
tienes nada que perder y mucho por ganar. Si te da
resultado, espero que lo compartas con tus amigos.
En el ambiente cultural de hoy, es más difícil que
nunca lograr un matrimonio exitoso. Creo que las
ideas compartidas en este libro tienen el potencial de
ayudar a que cientos de parejas transiten el camino
de la intimidad matrimonial con mayor armonía.
Si eso ocurre, yo estaré sumamente satisfecho.

- La razón más común por la que algunas personas no logran los cambios que desean es que comienzan por el lugar equivocado.

- La mayoría de nosotros piensa "Si mi cónyuge cambiara, yo cambiaría." Si somos sinceros, tendremos que admitir que este enfoque no ha funcionado.

- Confesar lo malo nos libera de la esclavitud de los errores pasados y abre la posibilidad de un comportamiento distinto en el futuro.

⟿ La confesión de las faltas tiene que ser más amplia que el hecho de confesárselos sólo a Dios. También necesitas confesárselo a la persona a la que has perjudicado. En el matrimonio, esa persona es tu cónyuge.

⟿ No podemos borrar los errores pasados, pero podemos estar de acuerdo en que lo que hicimos o dejamos de hacer estuvo mal y podemos pedir perdón con sinceridad. Procediendo de esa manera, comenzamos por el lugar correcto.

⟿ Uno de los lenguajes fundamentales del amor es decir palabras que reafirmen al otro. Las palabras de aprobación dan vida, en tanto que las condenatorias traen muerte.

⟿ Un regalo es una muestra física y visible de sensibilidad por el otro. Cualquier adulto puede aprender a regalar.

⟿ Para algunas personas, "los hechos hablan más que las palabras". Hacer algo que sabes que a tu cónyuge le gustaría que hicieras, es una muestra de amor.

🐚 "Tiempo para relacionarse" es mucho más que estar con tu cónyuge en la misma habitación o en la misma casa. Implica brindar a la otra persona toda tu atención.

🐚 Los pedidos de cambio deben ser específicos, comprensibles, realizables y medibles (cuantificables).

🐚 Dime tres cosas que te gusten de mí y luego dime una cosa que te gustaría que yo cambie. Los cumplidos hacen que el pedido sea más aceptable.

🐚 Creo que deberíamos cambiar todo lo que nos sea posible para complacer a nuestro cónyuge. Cuando cambiamos hacemos más fácil la vida del otro y caminamos juntos en la armonía matrimonial.

CÓMO LOGRAR QUE TU CÓNYUGE
CAMBIE SIN MANIPULARLO

Un plan de tres pasos

1. Comienza por admitir tus errores pasados
   y pide perdón.

2. Descubre el lenguaje primario del amor
   de tu cónyuge y exprésalo a diario.

3. Cuando pidas un cambio:

   a. Elige el entorno (momento, lugar,
      clima emocional):

      Momento: después de una comida;

      Lugar: en privado;

      Clima emocional: cuando tu cónyuge
      te dé permiso.

b. No suministres sobredosis de críticas (nunca hagas más de un pedido por semana, o según lo que hayan acordado tú y tu cónyuge).

c. Haz tres cumplidos antes de hacer tu pedido.

d. Cuando tu cónyuge se esfuerce por lograr un cambio, *reconócelo* y *expresa agradecimiento*. Acepta aquellas cosas que tu cónyuge no puede o no quiere cambiar.

Esta es una lista de las cosas que respondieron los esposos cuando les pregunté: "¿Qué cambios te gustaría ver en tu esposa?" Algunas son específicas y otras son demasiado generales como para ser útiles. Se presentan aquí con el fin de estimular tus pensamientos para que hagas la lista de cosas que te gustaría pedirle a tu esposa que cambie. Recuerda limitar tus pedidos a uno por semana, o a lo que hayas acordado con ella.

Me gustaría que no les contestara mal a nuestros hijos.

Me gustaría que ella compartiera conmigo más de sus sueños y temores.

Me gustaría que pasara media hora por día conversando conmigo.

Me gustaría que mantuviera ordenada la mesa de la cocina.

Me gustaría que no se ocupara de la limpieza ni que hiciera tanto alboroto cuando estoy en casa.

Me gustaría que tuviera más confianza en su aspecto y estuviera dispuesta a usar ropa más "sexy".

Me gustaría que dejara de recordarme cosas del pasado.

Me gustaría que dejara de reclamarme, tratando de controlar mis pensamientos y actividades.

Me gustaría que no se preocupara tanto.

Me gustaría que dejara de actuar como si fuera mi madre (por ejemplo: recordándome que me cepille los dientes).

Me gustaría que reconociera las cosas positivas en lugar de concentrarse en las negativas.

Me gustaría que contestara a mis preguntas con una respuesta en lugar de otra pregunta.

Me gustaría que me dijera que me admira.

Me gustaría que me dijera que le resulto atractivo.

Me gustaría que lavara y limpiara la camioneta todas las semanas.

Me gustaría que me hablara.

Me gustaría que fuera más ordenada.

Me gustaría que dejara de criticarme delante de nuestros hijos.

Me gustaría que comenzara a arreglarse más temprano para que pudiéramos llegar a tiempo.

Me gustaría que se relajara más y disfrutara más de la vida (por ejemplo, mirando la televisión conmigo).

Me gustaría que cuando está de ánimo iniciara ella la relación sexual, ya que yo casi siempre tengo ganas.

Me gustaría que guardara su ropa en lugar de dejarla en el piso.

Me gustaría que dejara de ser tan crítica.

Me gustaría que mantuviera más limpio el automóvil.

Me gustaría que fuera al gimnasio y se pusiera en forma.

Me gustaría que aprendiera a dormirse con la luz encendida para que yo pudiera leer.

Me gustaría que fuera más consciente de los problemas de salud relacionados con su peso.

Me gustaría que se deshiciera de algunos cachivaches.

Me gustaría que fuera más constante en las tareas domésticas.

Me gustaría que me ayudara a enseñarles a nuestros hijos el valor del trabajo.

Me gustaría que me dejara cocinar más seguido.

Me gustaría que dejara de enojarse todo el tiempo

y que tuviera más paciencia conmigo y con otras personas.

Me gustaría que tuviera más deseo sexual.

Me gustaría que cuidara mejor a las mascotas.

Me gustaría que mantuviera sus metas, aunque le resultara difícil.

Me gustaría que pudiera hablarme amablemente acerca de otras personas.

Me gustaría que me dejara expresar mi opinión, aun si no está de acuerdo conmigo.

Me gustaría que no cuestionara mis decisiones en las áreas en las que no es experta, como la compra de neumáticos nuevos para el auto.

Me gustaría que fuera más insinuadora en la cama.

Me gustaría que elogiara más lo duro que trabajo y que me dijera otras cosas lindas todos los días.

Me gustaría que dejara de menospreciarme.

Me gustaría que no fuera tan crítica y despectiva conmigo, y que comenzara a apoyarme más.

Me gustaría que no se esforzara tanto (horas de trabajo, tareas, iglesia).

Me gustaría que dejara de interrumpirme cuando tenemos una discusión.

Me gustaría que me diera un gran beso cada mañana cuando me voy de casa.

Me gustaría que aprendiera a discutir los asuntos difíciles sin ponerse a la defensiva y sin interpretar todo como críticas personales.

Me gustaría que me diera masajes en la espalda tres veces por semana.

Me gustaría que se quedara despierta mientras estamos conversando.

Me gustaría que se sintiera más dispuesta a dejar a los chicos con la niñera para que pudiéramos salir solos y darnos algunos gustos.

Esta es una lista de las cosas que respondieron las esposas cuando les pregunté: "¿Qué cambios te gustaría ver en tu esposo?" Algunas son específicas y otras son demasiado generales como para ser útiles. Se presentan aquí con el fin de estimular tus pensamientos para que hagas la lista de cosas que te gustaría pedirle a tu esposo que cambie. Recuerda limitar tus pedidos a uno por semana, o a lo que hayas acordado con él.

Me gustaría que se sentara por la tarde y conversara conmigo durante diez minutos.

Me gustaría que limpiara el garaje y lo mantuviera ordenado.

Me gustaría que todos los días saliera a caminar conmigo.

Me gustaría que mirara menos ESPN.

Me gustaría que cuando está enojado no acelerara hasta llegar a los noventa kilómetros por hora en ocho segundos.

Me gustaría que me ayudara a bañar a las niñas.

Me gustaría que me ayudara a ordenar y a mantener la casa limpia.

Me gustaría que aceptara algún comentario de mi parte. Es extremadamente sensible a cualquier comentario que no sea ciento por ciento positivo.

Me gustaría que no se quedara dormido cuando le hablo.

Me gustaría que dejara de fumar.

Me gustaría que planificara salidas nocturnas una o dos veces al mes.

Me gustaría que me prestara toda su atención (que

dejara de leer el diario, de hacer su crucigrama, etc.) cuando estoy tratando de hablarle.

Me gustaría que no postergara las cosas. "Lo haré mañana."

Me gustaría que mostrara aprecio por mí y por lo que hago.

Me gustaría que jugara más con los niños.

Me gustaría que dejara de apilar papeles en la mesa, o que cada tanto la limpiara.

Me gustaría que fuera menos crítico de mi trabajo en la casa.

Me gustaría que dejara de tirar cosas por toda la casa, desde el momento que entra por la puerta de calle.

Me gustaría que pasara más tiempo pensando en las cosas que son importantes para mí.

Me gustaría que fuera más moderado con el uso de nuestro dinero y que hiciera conmigo un plan para pagar nuestras deudas.

Me gustaría que él recogiera el desorden de la casa, en lugar de decirme que es necesario hacerlo.

Me gustaría que tuviéramos un devocional de diez minutos, leyendo la Biblia y orando.

Me gustaría que me preguntara en qué puede ayudarme con las cosas de la casa.

Me gustaría que me permitiera expresar mis sentimientos sin que reaccione con enojo.

Me gustaría que me hablara con más amabilidad.

Me gustaría que apagara el televisor y hablara unos minutos conmigo.

Me gustaría que hiciera ejercicio físico conmigo y se pusiera en forma.

Me gustaría que se tomara la molestia de limpiar el parabrisas y las ventanillas del auto.

Me gustaría que dejara de hacer ruidos cuando come.

Me gustaría que levantara sus zapatos de la
habitación y los guardara en el guardarropa.

Me gustaría que conversara conmigo antes de
tomar decisiones. Me gustaría ser su
compañera y que pensáramos en equipo.

Me gustaría que se acostara en el momento en
que yo lo hago para que pudiéramos charlar
y de vez en cuando hacer el amor.

Me gustaría que hiciera un esfuerzo por hablar
correctamente. A veces usa tiempos verbales
incorrectos, que lo hacen parecer estúpido,
aunque es muy inteligente.

Me gustaría que aprendiera a comer de una
manera socialmente aceptable.

Me gustaría que me permitiera pasar algo de
tiempo a solas. Él es maravilloso y servicial,
pero yo necesito algo de tiempo para mí.

Me gustaría que me elogiara por lo que hago y
cómo me veo, y que me alentara.

Me gustaría que guardara las cosas cuando termina un trabajo.

Me gustaría que dejara de ir al rescate de nuestras hijas, que tienen 18 y 20 años. Que las deje experimentar las consecuencias de sus decisiones.

Me gustaría que me dedicara a mí tanto tiempo, energía, amor y devoción como le dedica a su trabajo y a su ejercicio físico. Siento que me da lo que le sobra de su día y no es mucho.

Me gustaría que me abrazara y me diera la mano cuando caminamos.

Me gustaría que organizara más salidas conmigo.

Me gustaría que cortara el césped antes de que el jardín se vea feo.

Me gustaría que no dijera malas palabras cuando se enoja.

Me gustaría que pasara tiempo con Dios, conmigo y con los niños.

Me gustaría que me abrazara y me acariciara, aun cuando no tuviéramos sexo.

Me gustaría que asumiera la responsabilidad de manejar nuestras finanzas.

Me gustaría que tuviera algunos amigos o actividades que le permitieran pasar de vez en cuando algo de tiempo lejos de mí. Eso me permitiría estar un poco con mis amigas sin sentirme culpable.

Me gustaría que ganara lo suficiente para que yo no tuviera que trabajar a tiempo completo.

Me gustaría que me mirara a los ojos y me hablara por un poco más de cinco minutos.

Me gustaría que me defendiera o se pusiera de mi lado frente a sus padres.

⌣ *Notas*

CAPÍTULO 1

1. Paráfrasis del autor sobre Mateo 7:3-5.

2. Salmos 139:23-24, NVI.

3. 1 Juan 1:9.

4. Para mayor información sobre el tema de reconstruir la confianza, ver: Gary D. Chapman: *The Five Languages of Apology [Los Cinco Lenguajes de la Disculpa]* (Northfield Publishing, Chicago, 2006).

CAPÍTULO 2

1. Ollie Jones: *Love Makes the World Go Round [El Amor Hace Girar al Mundo]* (1958).

2. Gary D. Chapman: *The Five Languages of Love [Los Cinco Lenguajes del Amor]* (Northfield Publishing, Chicago, 1992, 1995, 2004 - UNILIT).

CAPÍTULO 3

1. Richard M. Sherman y Robert B. Sherman: *A Spoonful of Sugar [Una Cucharada de Azúcar],* de la película *Mary Poppins.*

2. 1 Pedro 4:8.

⟶ *Acerca del autor*

El Dr. Gary Chapman es el autor del libro de gran éxito *The Five Love Languages [Los Cinco Lenguajes del Amor]* (con más de 3.5 millones de copias vendidas) y de numerosos libros sobre el matrimonio y la familia. Actualmente está trabajando, junto con la exitosa autora Catherine Palmer, en una nueva serie de ficción basada en su libro *The Four Seasons of Marriage [Las Cuatro Estaciones del Matrimonio]* cuyo primer libro está programado para ser lanzado en la primavera del 2007. El Dr. Chapman es director de Marriage and Family Life Consultants, Inc., es un conferencista de renombre internacional y es el presentador del programa radial sindicado *A Growing Marriage*, que se escucha en más de 100 estaciones de radio en todos los Estados Unidos de Norteamérica. El Dr. Chapman y su esposa, Karolyn, viven en North Carolina.

"¡YA *TE DIJE* QUE LO LAMENTO!"

En la vida real hay personas reales que cometen errores reales. A veces, no basta con decir: "lo siento". La buena noticia es que se puede aprender el arte de la disculpa. En *Los Cinco Lenguajes de la Disculpa*, usted aprenderá a reconocer y perfeccionar su propio lenguaje principal de la disculpa. La comprensión y aplicación de los cinco lenguajes de la disculpa enriquecerán enormemente todas sus relaciones.

¡Disponible en librerías y en la Internet!

También disponible en inglés:
The Five Languages of Apology

¿EN QUÉ ESTACIÓN DEL MATRIMONIO SE ENCUENTRA?

Los matrimonios están constantemente en un estado de transición. Pueden cambiar entre la calidez del verano, la esperanza y anticipación de la primavera, el sentirse apartados y descontentos en el invierno o inseguros en el otoño. Este libro ayudará a usted y a su cónyuge a identificar en qué estación se encuentra su matrimonio, y mostrarles la forma de mejorar su matrimonio en toda estación.

¡Disponible en librerías y en la Internet!

También disponible en inglés:
The Four Seasons of Marriage

Presentando Las
Guías Chapman

Soluciones simples para los problemas más complicados de la vida

Todos Ganan

*La Guía Chapman para
Resolver los Conflictos sin Argumentar*

El conflicto es inevitable.
Argumentar es una opción.

El Dr. Gary Chapman, reconocido experto en relaciones, ha desarrollado un programa efectivo para usted y para su cónyuge que los capacitará para lograr soluciones en las que ambos se sientan ganadores al tratar de resolver los conflictos y desacuerdos diarios, sintiéndose amados, escuchados y apreciados.

También disponible en inglés: *Everybody Wins*

Cuidando Su Hogar

*La Guía Chapman para
Mejorar las Relaciones con Su Cónyuge*

¿Le molesta seriamente
el comportamiento de su pareja?

Con el paso del tiempo, los pequeños hábitos pueden deteriorar las relaciones. Luego de muchos años de aconsejar a parejas con problemas matrimoniales, el Dr. Gary Chapman ha desarrollado un programa simple y efectivo para usted y para su cónyuge que los ayudará a terminar con esos comportamientos irritantes de una vez por todas.

También disponible en inglés: *Home Improvements*